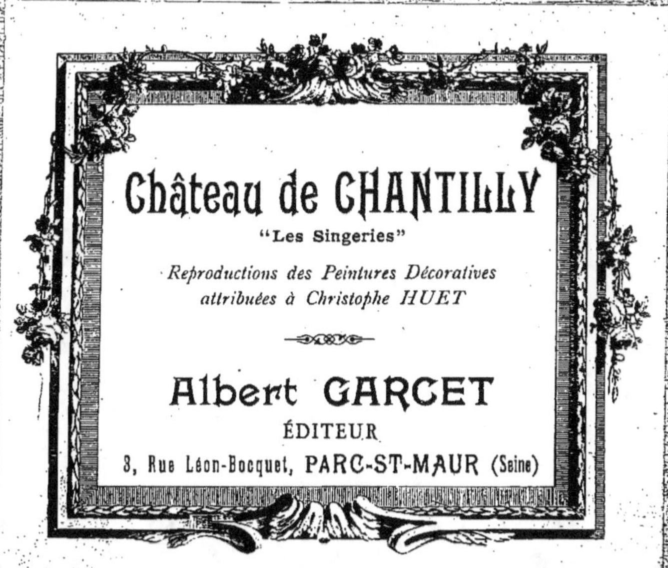

Château de CHANTILLY

"Les Singeries"

*Reproductions des Peintures Décoratives
attribuées à Christophe HUET*

Albert GARCET

ÉDITEUR

3, Rue Léon-Bocquet, PARC-ST-MAUR (Seine)

CHATEAU DE CHANTILLY

(LES SINGERIES)

Reproductions des Peintures décoratives attribuées à CHRISTOPHE HUET

INTRODUCTION

Les **Singeries** de Chantilly constituent le spécimen le plus précieux et le plus accompli qui ait été conservé de l'Art Décoratif dans la première partie du dix-huitième siècle. La plus grande orne un salon à l'étage du petit château, dont l'arrangement actuel, avec ses boiseries dorées, fut exécuté en 1720-1722; on l'attribue à Christophe Huet, sans preuve certaine. Les sujets sont peints directement sur les planches des panneaux et représentent les sciences et les arts. Le plafond, peint sur plâtre, est fort curieux et montre divers sujets, surtout de chasse, où les singes sont mêlés à des figures pseudo-chinoises. --- La petite Singerie occupe un boudoir du rez-de-chaussée ; là, il n'y a que des dames à figure de singes; un seul homme; les sujets représentent la toilette, la promenade en traîneaux sur la glace, la partie de cartes, le bain, le plaisir champêtre, le rendez-vous de chasse dans la forêt de Chantilly. On l'attribue aussi à Christophe Huet, sans plus de preuves; je n'ai trouvé qu'une seule indication sur un volet de la fenêtre, au-dessous d'une carte de tir à l'Arc: **Prix remporté, 1735).** Quant aux grandes toiles décoratives qui ornent le grand salon et qui montrent des paysages et des animaux d'Extrême-Orient, celles-là sont bien de Christophe Huet, car elles sont signées et datées: **C. Huet, 1734.** J'en ai vu de semblables datées de 1728, au château de Méry-sur-Oise. --- J'ai plaisir à présenter aux amateurs la jolie collection de Chantilly, excellemment reproduite par M. Garcet, d'après les clichés de M. Privat, photographe à Chantilly.

Gustave MACON,
Conservateur adjoint du Musée Condé.

TABLE DES PLANCHES

Albert GARCET

Editeur

3, Rue Léon-Bocquet, PARC-SAINT-MAUR (Seine)

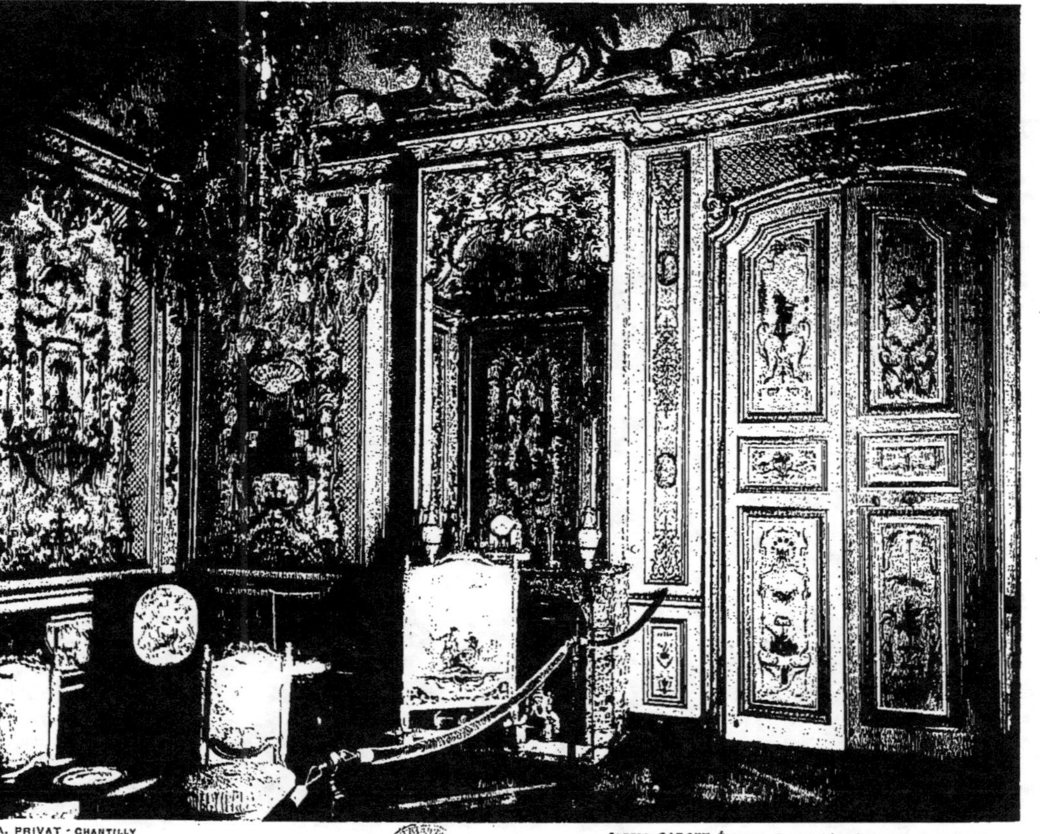

GRANDE SINGERIE — (Ensemble)

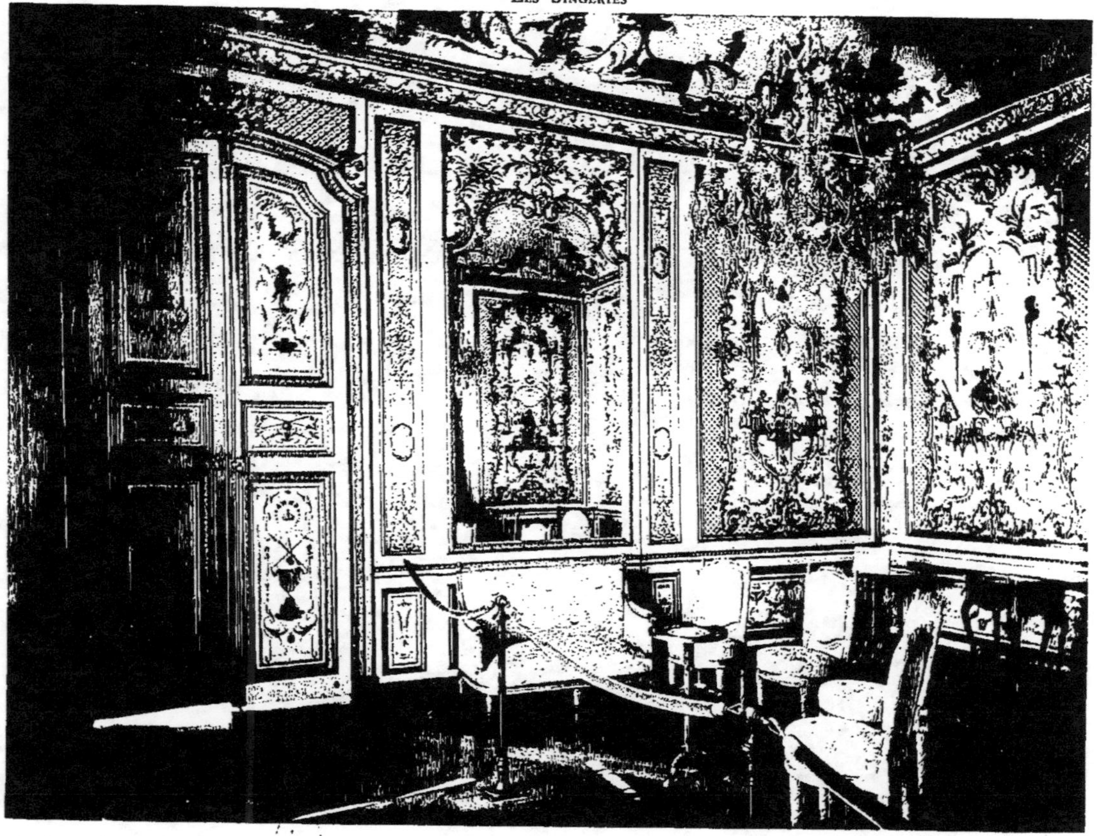

A. Privat - Chantilly

Albert Garcet, Éditeur. 3, rue Léon-Bocquet, Parc-St-Maur

GRANDE SINGERIE -- (Ensemble)

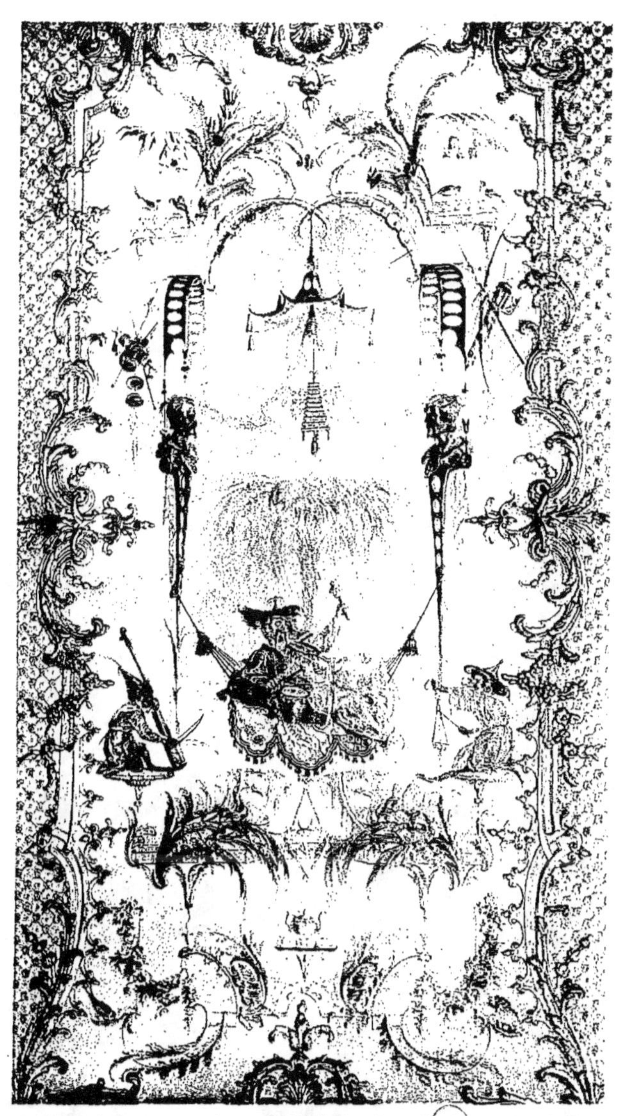

GRANDE SINGERIE

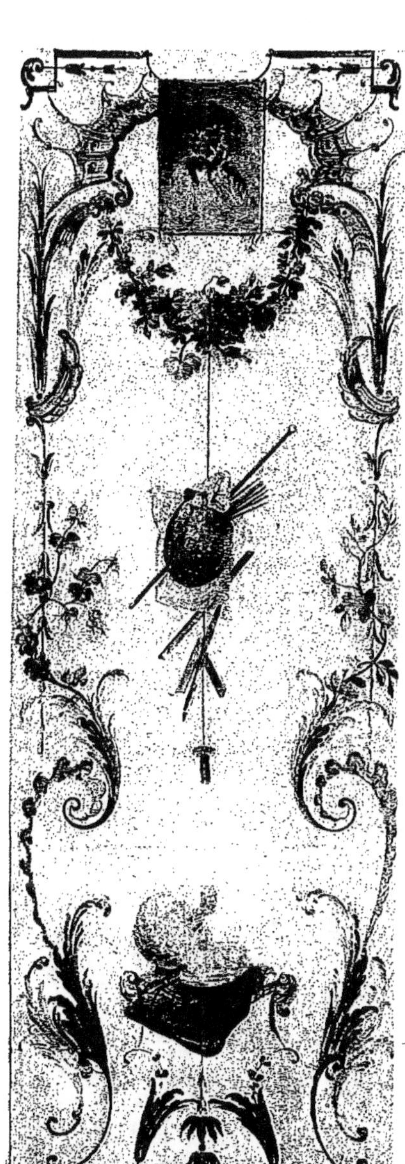
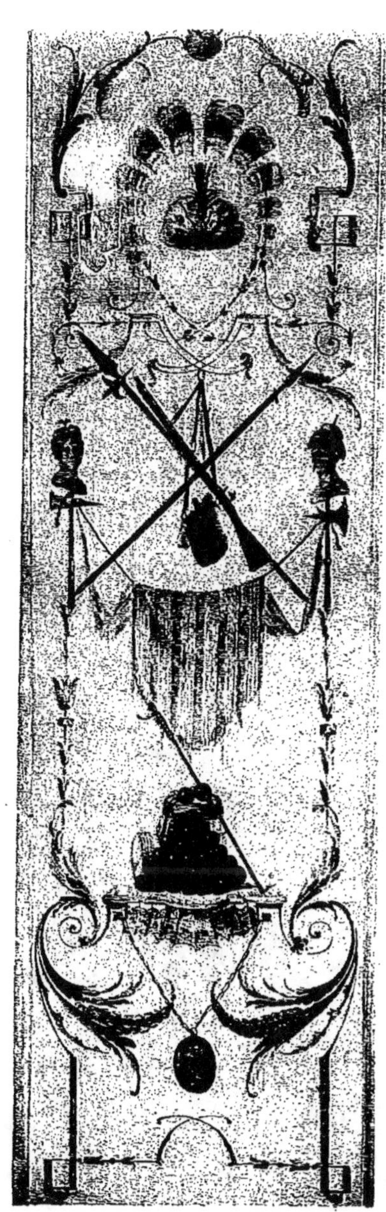

GRANDE SINGERIE — (Détails des Portes)

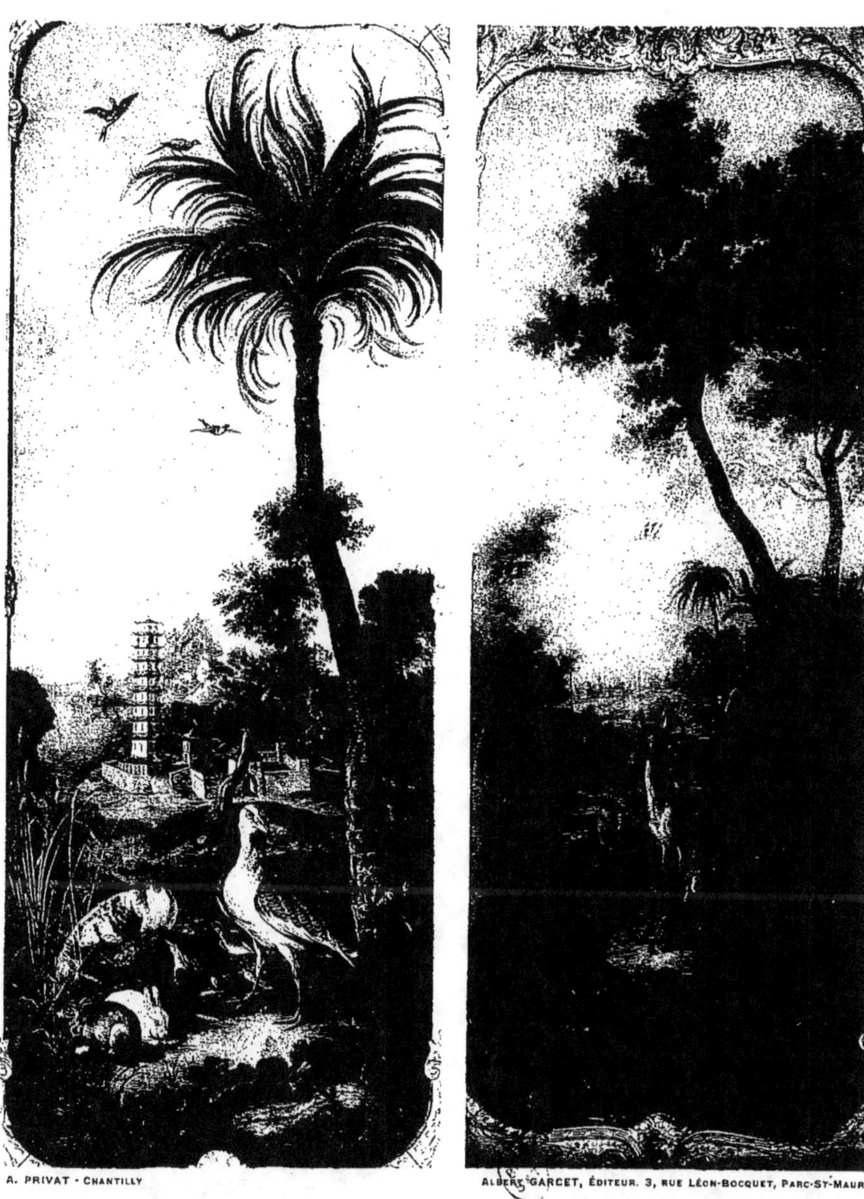

CHAMBRE DE MONSIEUR LE PRINCE — (Panneaux Décoratifs)

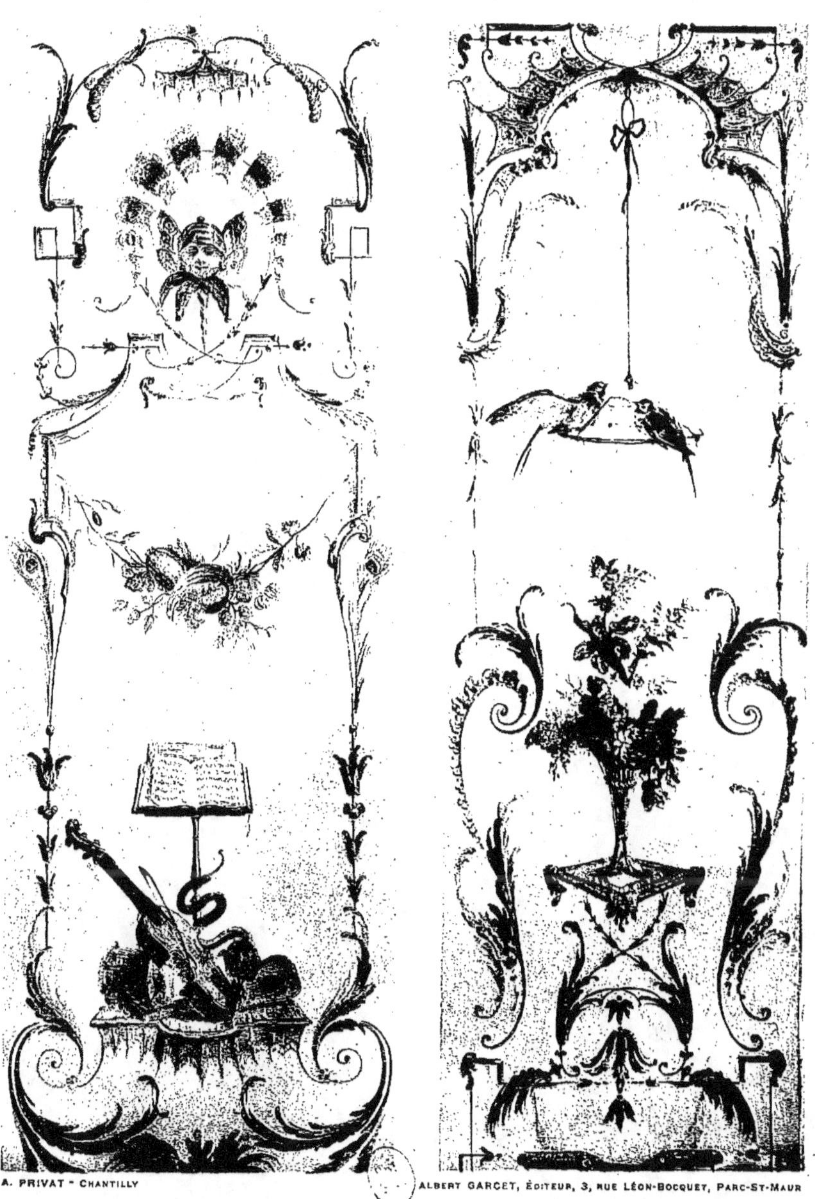

GRANDE SINGERIE — (Panneaux de Portes)

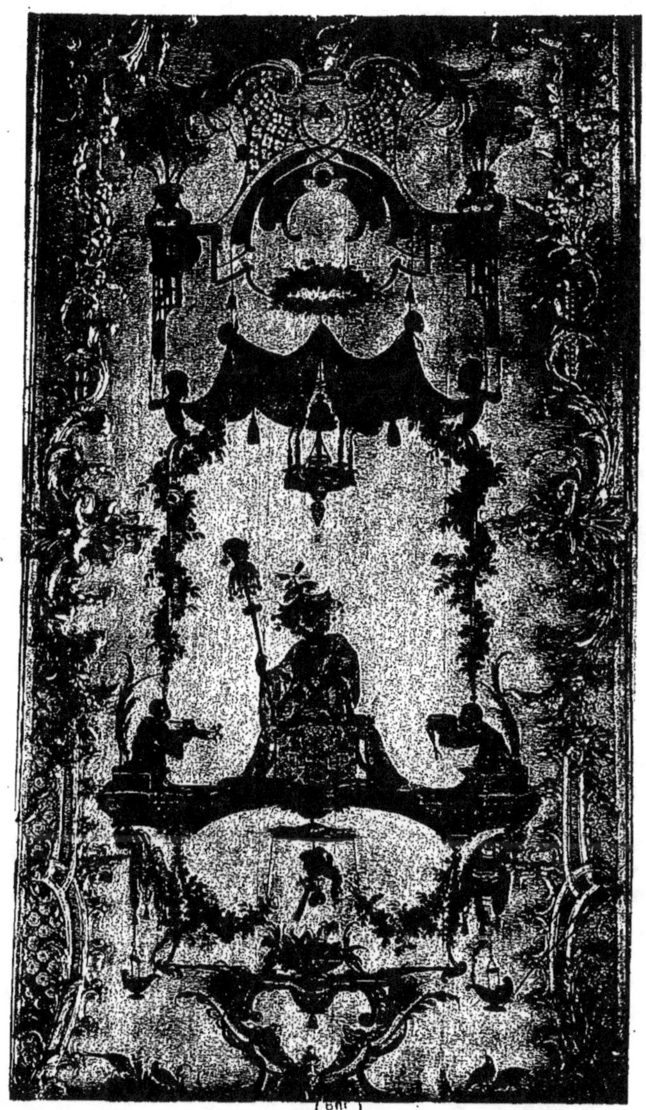

GRANDE SINGERIE

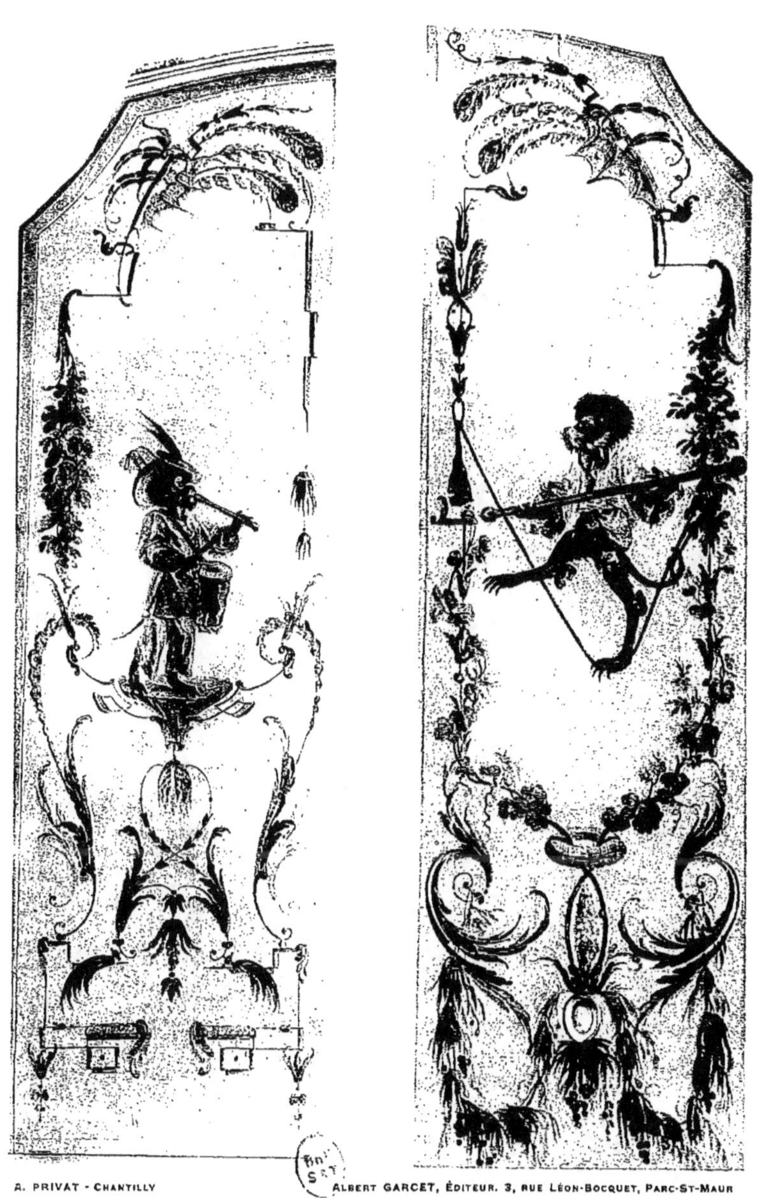

GRANDE SINGERIE — (Détails des Portes)

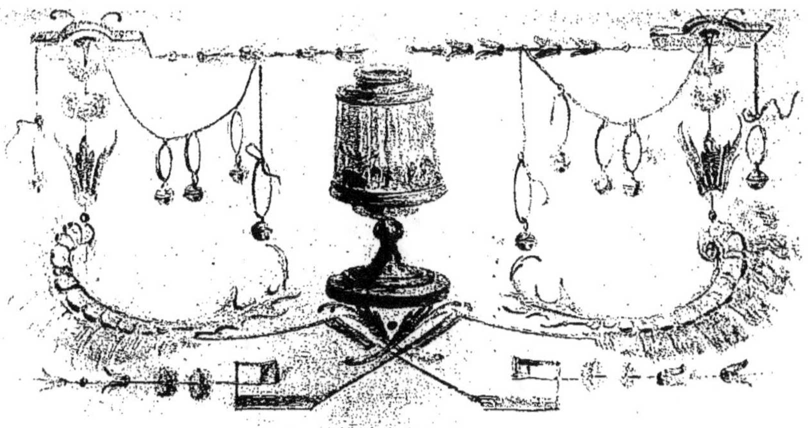

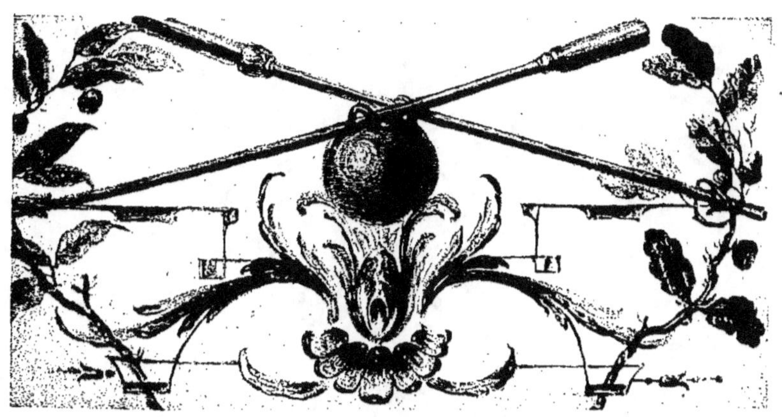

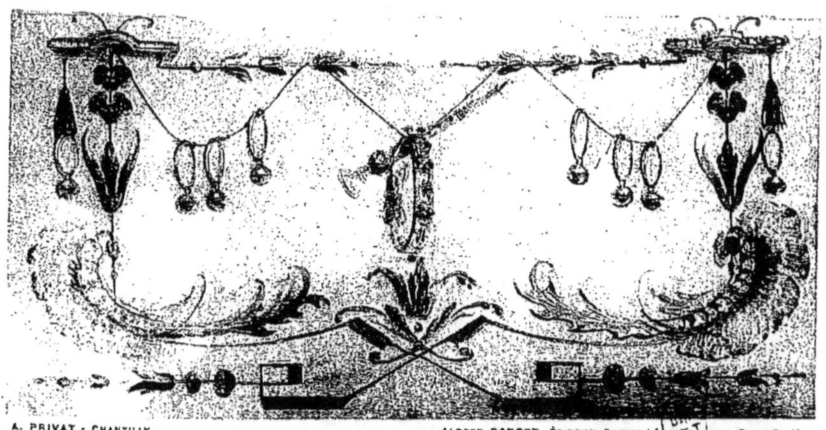

GRANDE SINGERIE — (Détails des Portes)

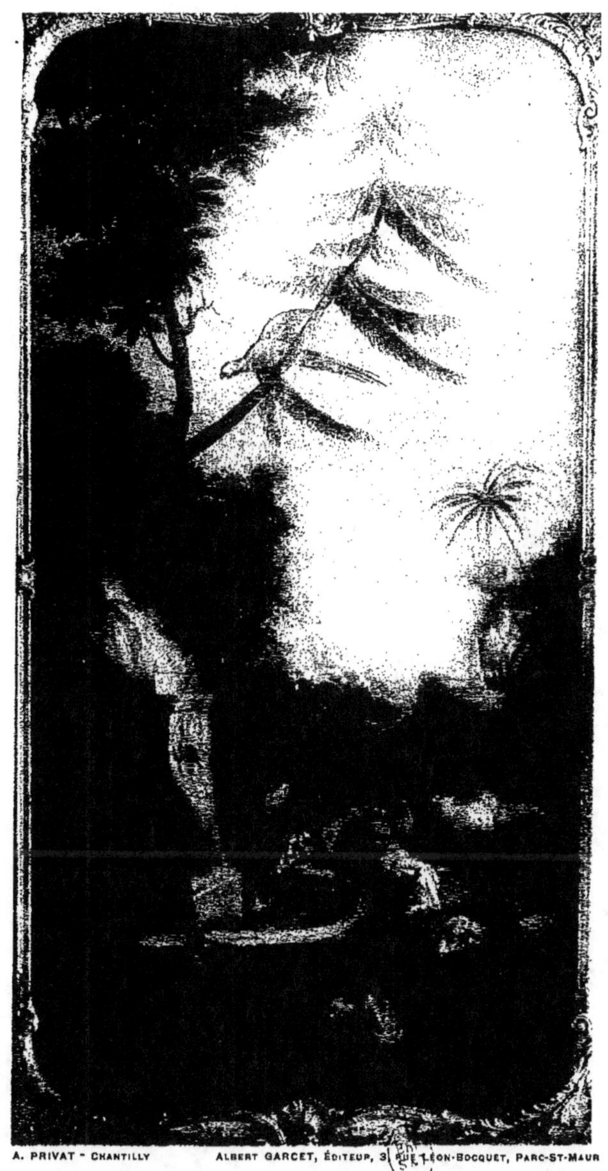

CHAMBRE DE MONSIEUR LE PRINCE — (Panneau Décoratif)

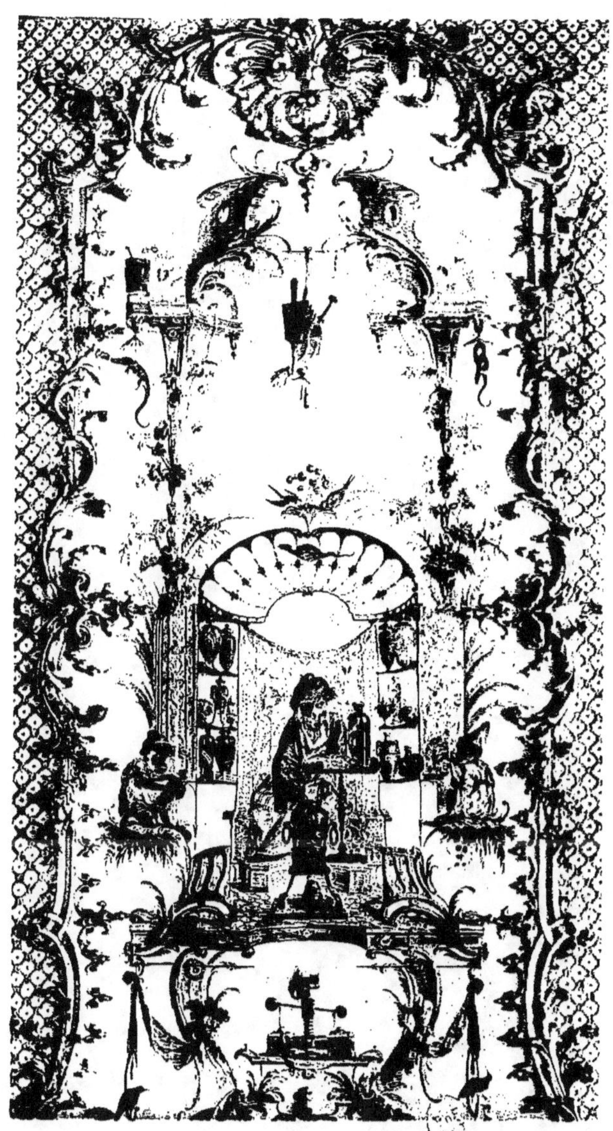

A. PRIVAT - CHANTILLY   ALBERT GARCET, ÉDITEUR, 3, RUE LÉON-BOCQUET, PARC-ST-MAUR

GRANDE SINGERIE

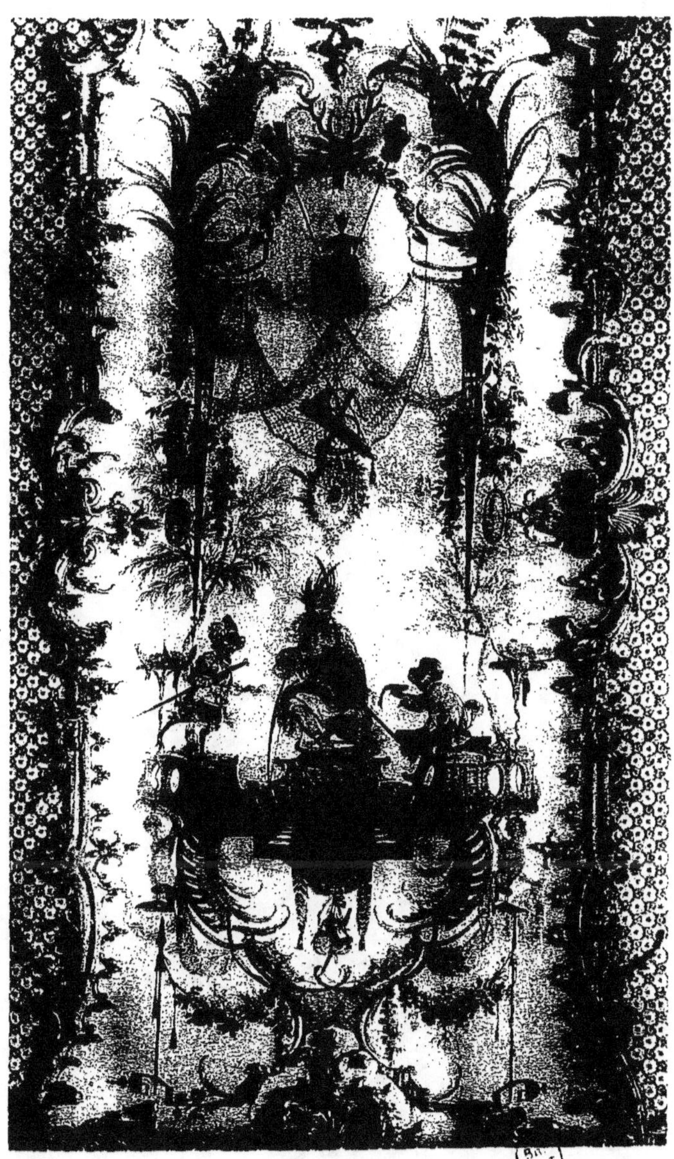

GRANDE SINGERIE

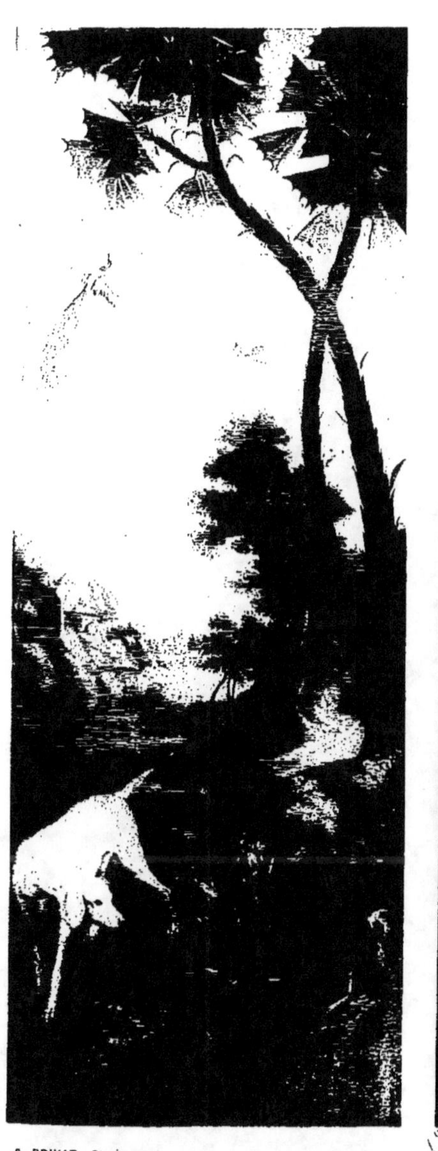 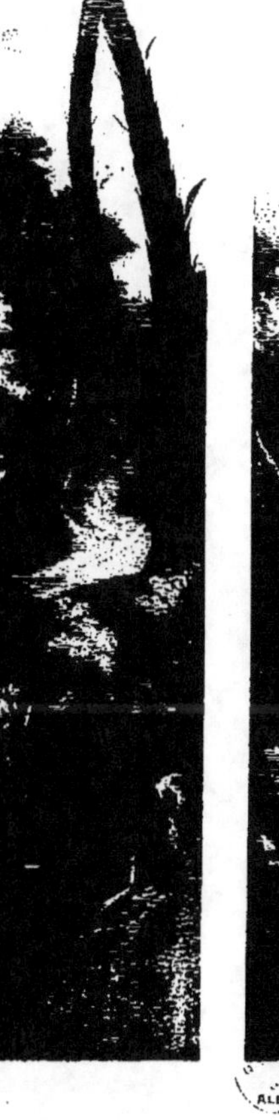 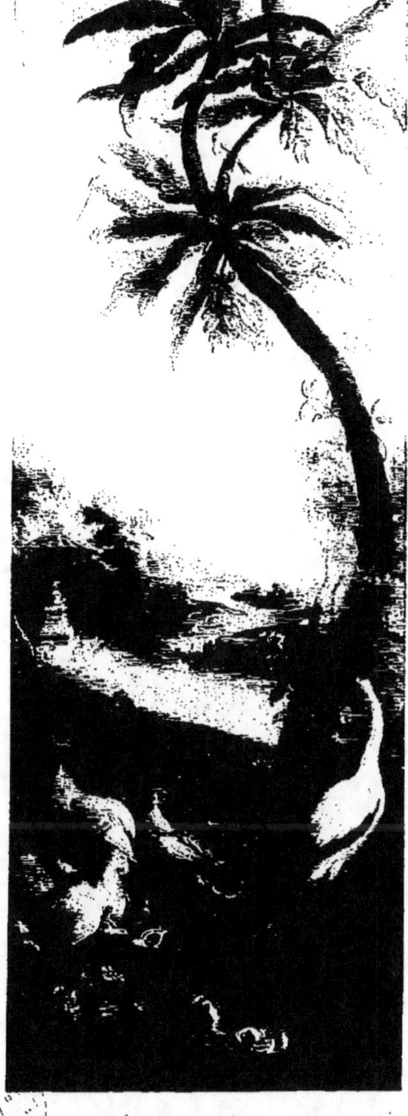

CHAMBRE DE MONSIEUR LE PRINCE — (Panneaux Décoratifs)

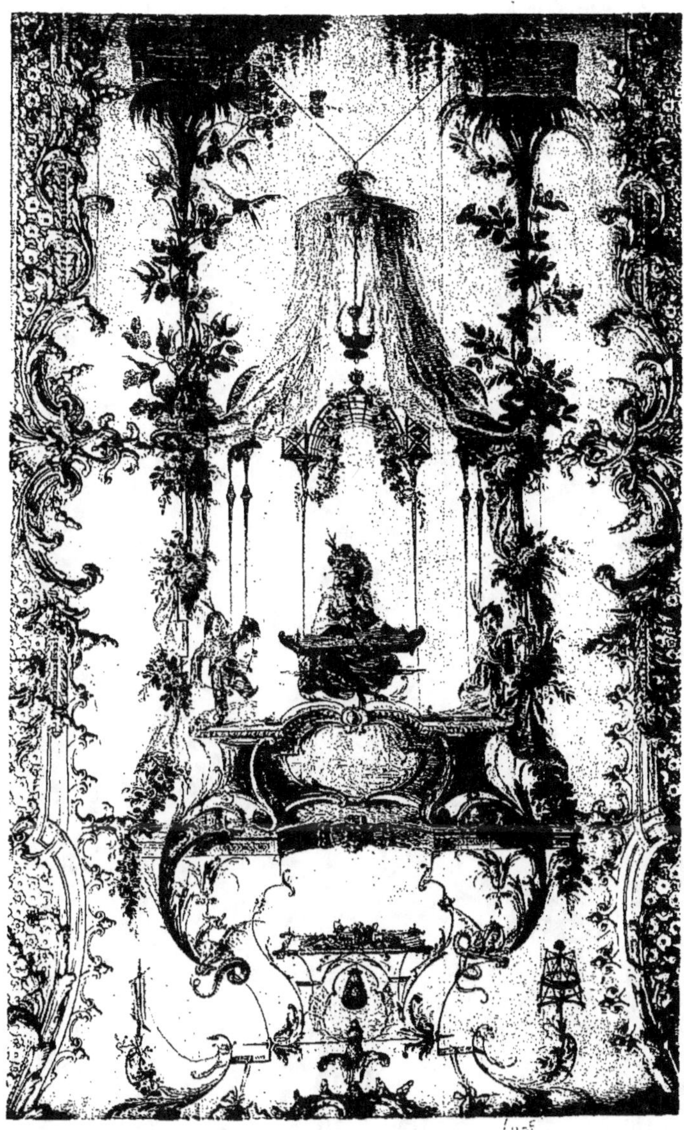

GRANDE SINGERIE

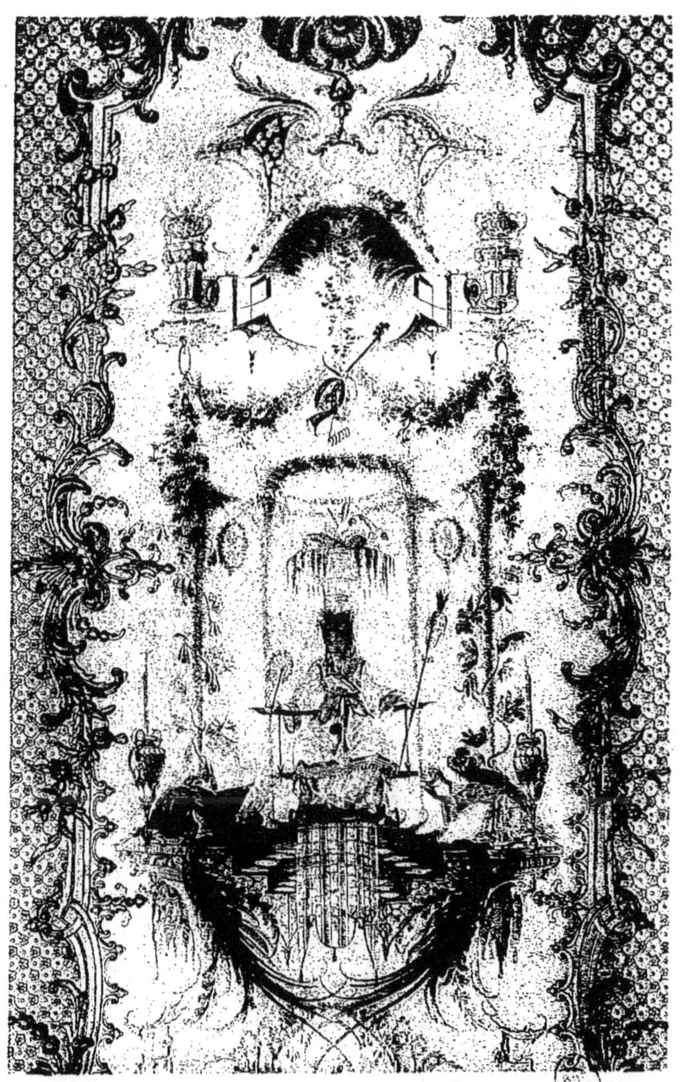

GRANDE SINGERIE

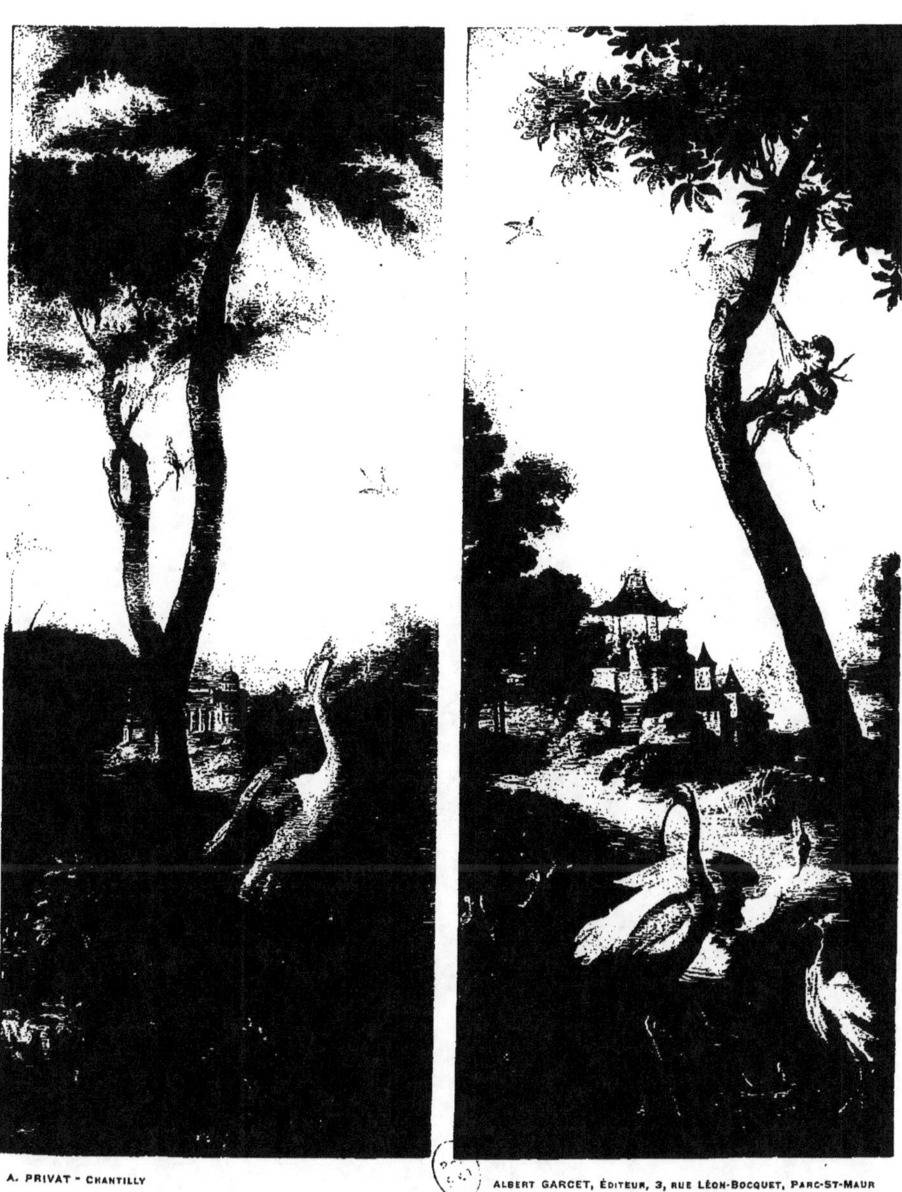

CHAMBRE DE MONSIEUR LE PRINCE — (Panneaux Décoratifs)

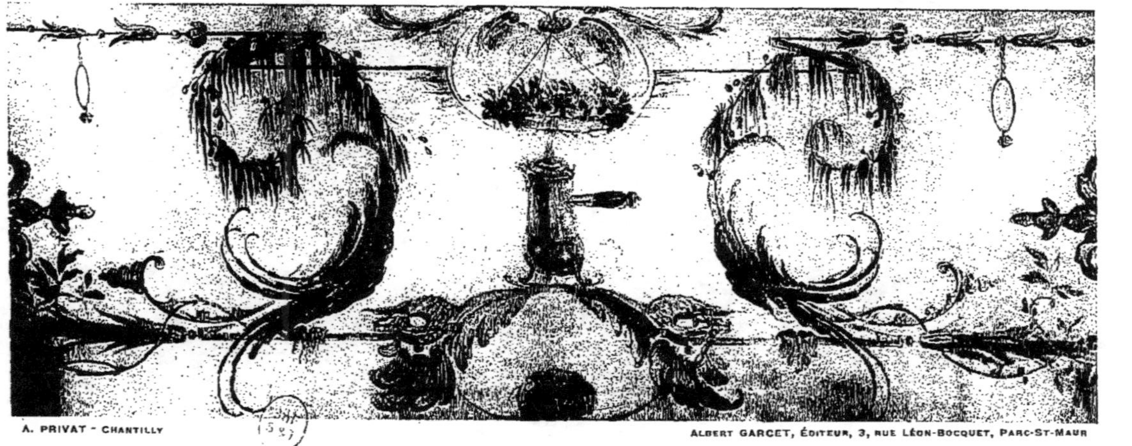

GRANDE SINGERIE — (Lambris peints)

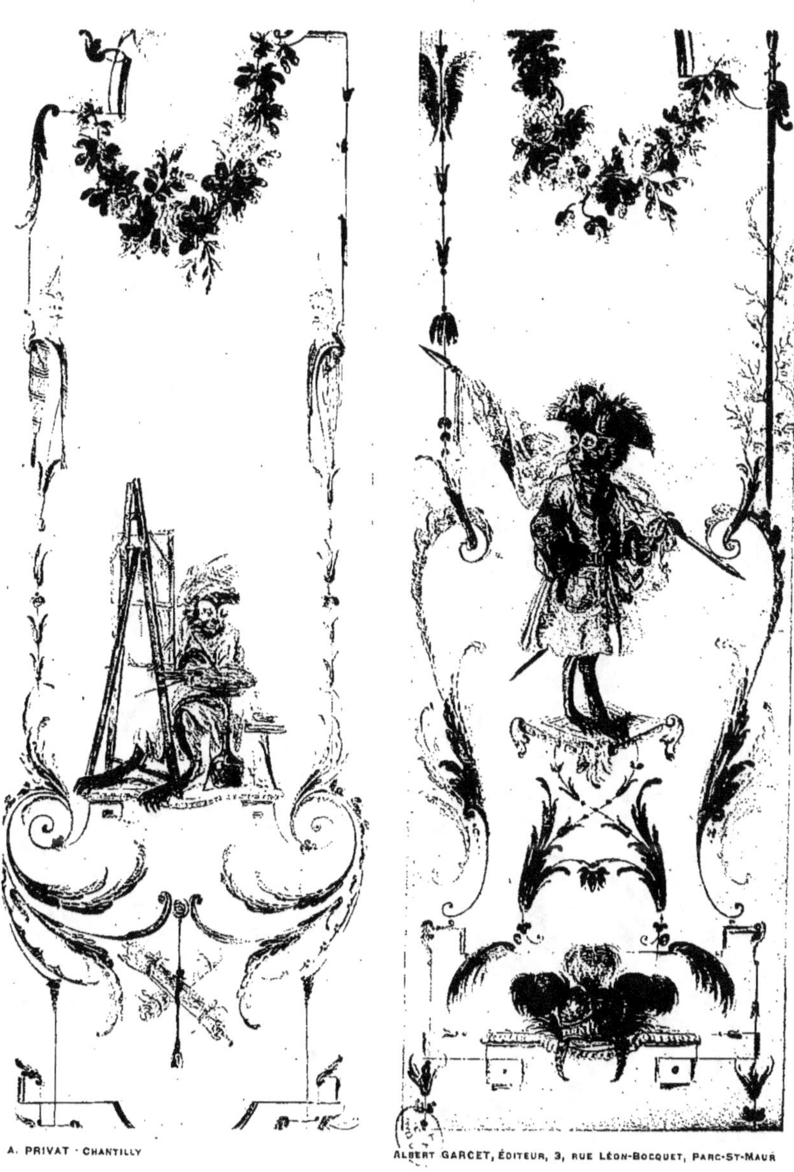

GRANDE SINGERIE — (Détails des Portes)

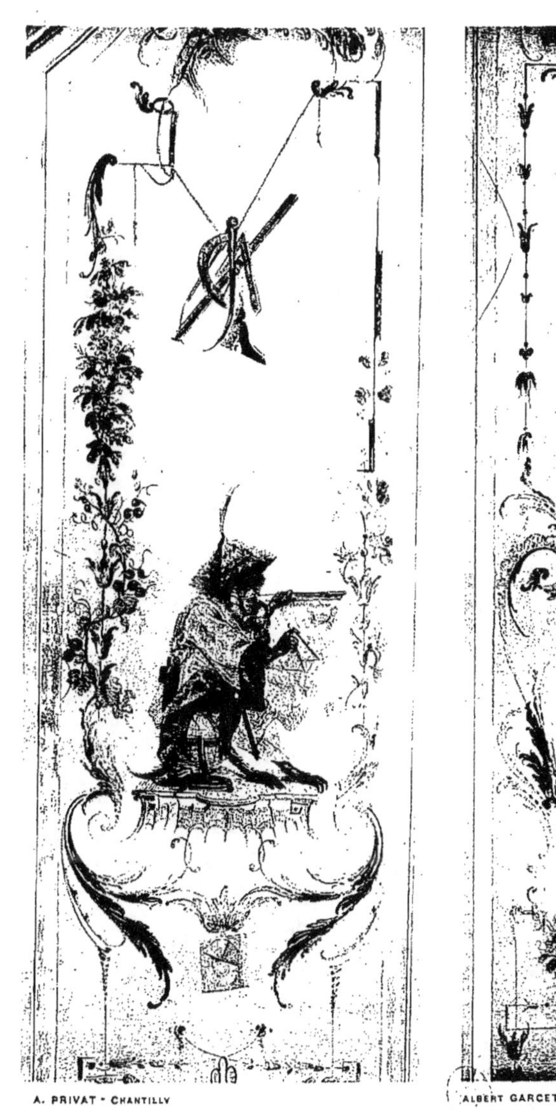
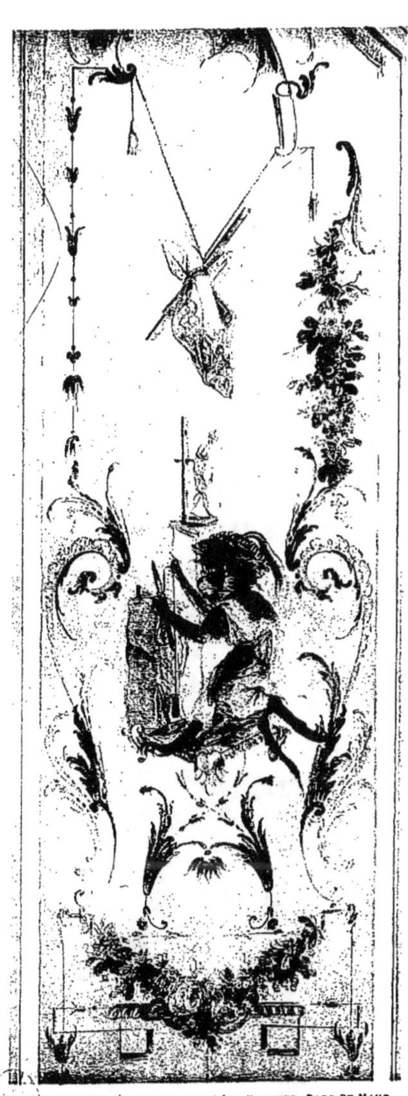

GRANDE SINGERIE — (Détails de Portes)

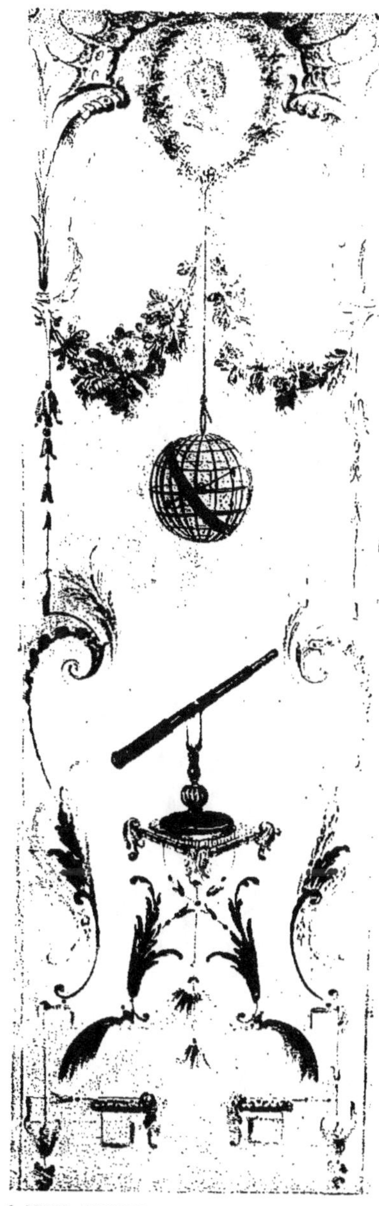
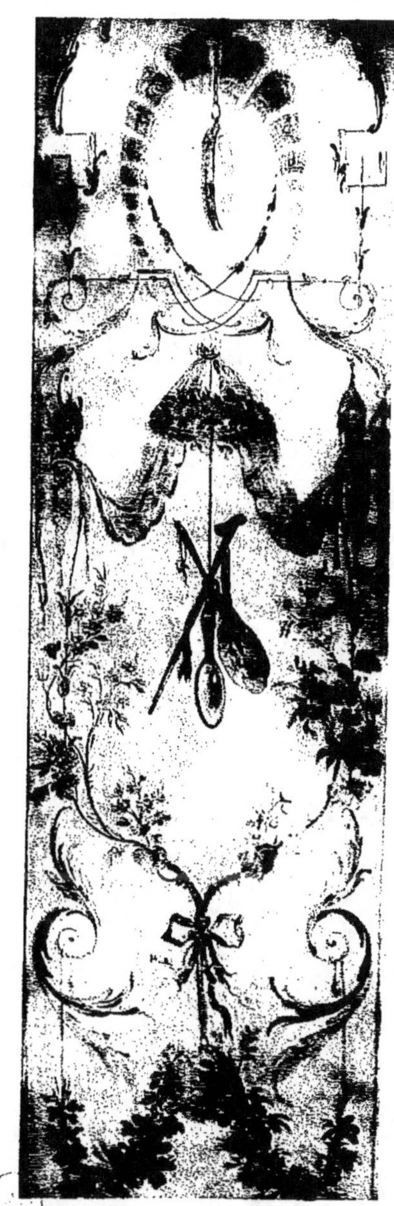

GRANDE SINGERIE — (Détails de Portes)

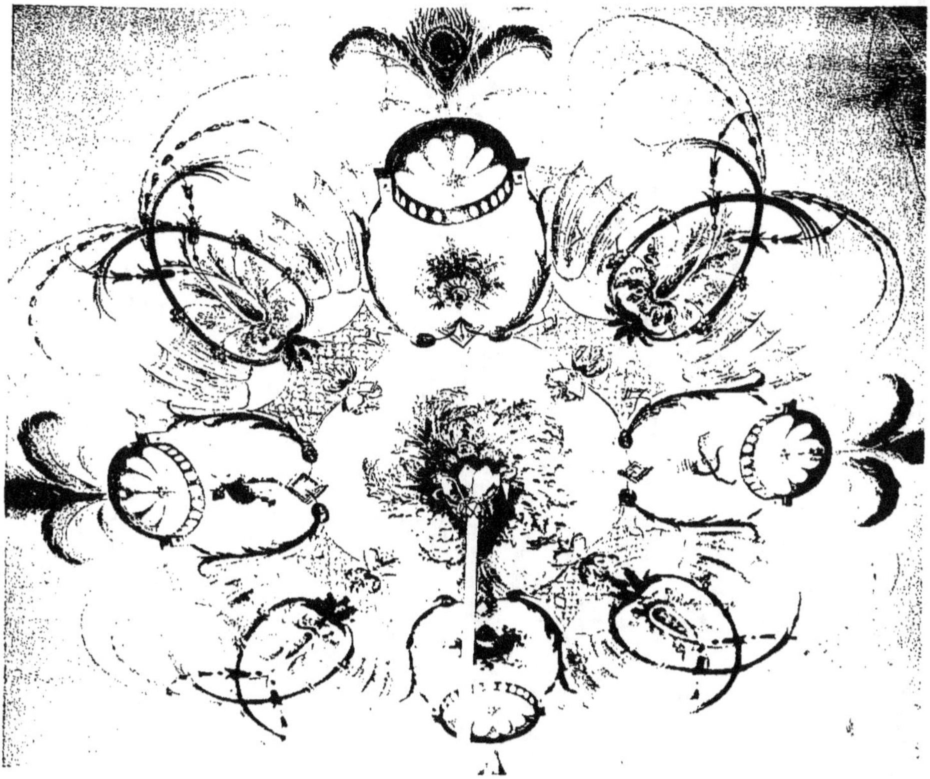

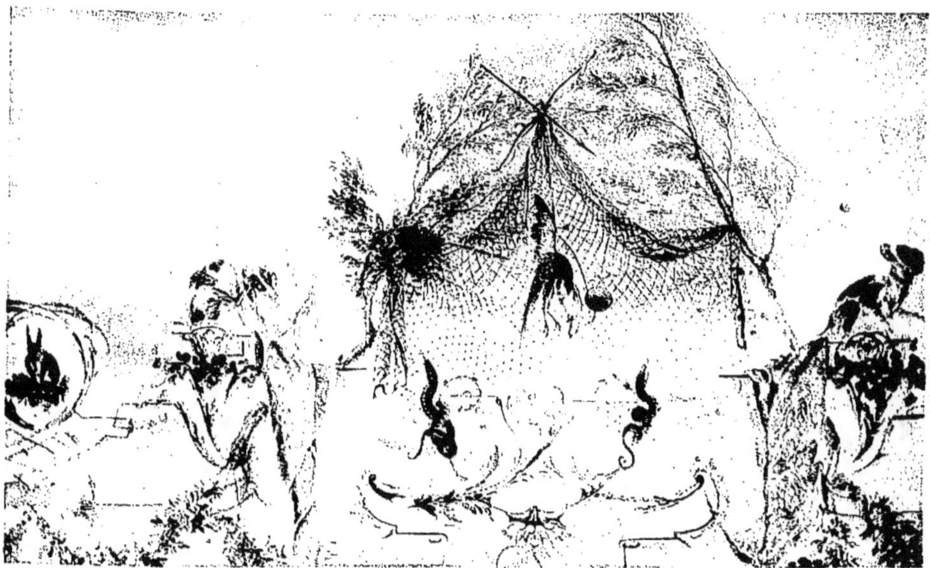

GRANDE SINGERIE — (Plafond et détail)

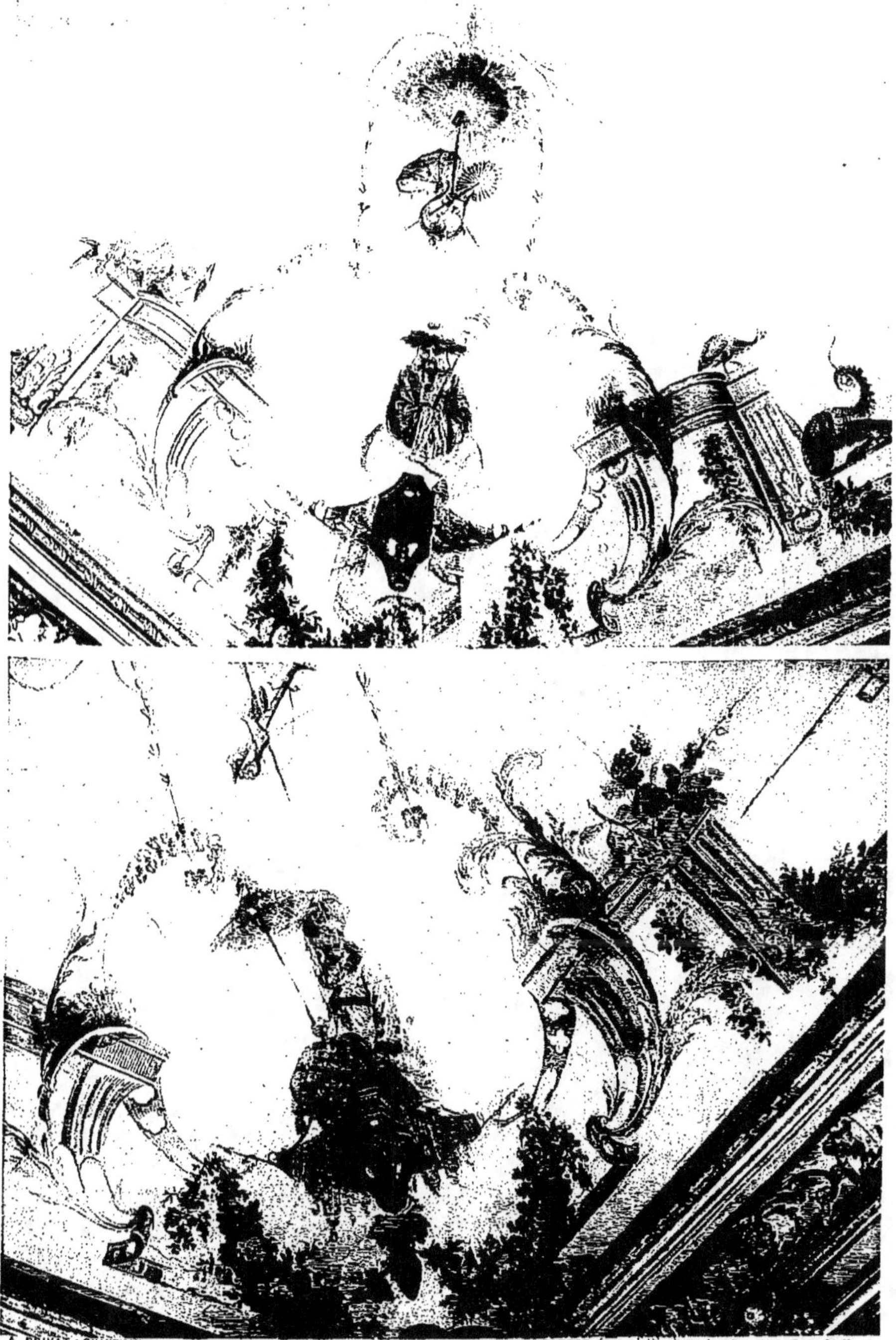

GRANDE SINGERIE — Plafond — (Détails)

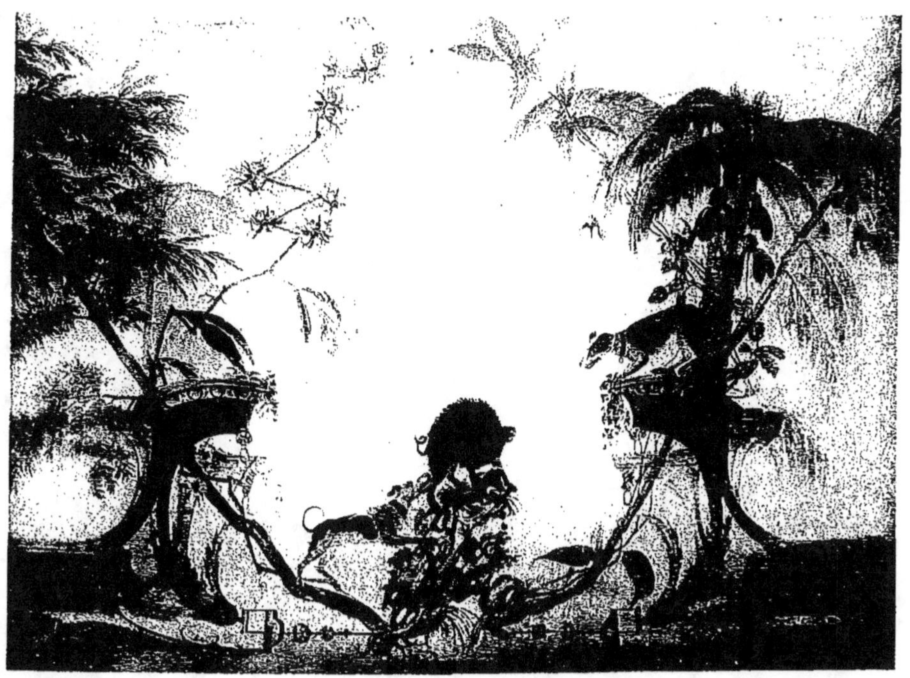

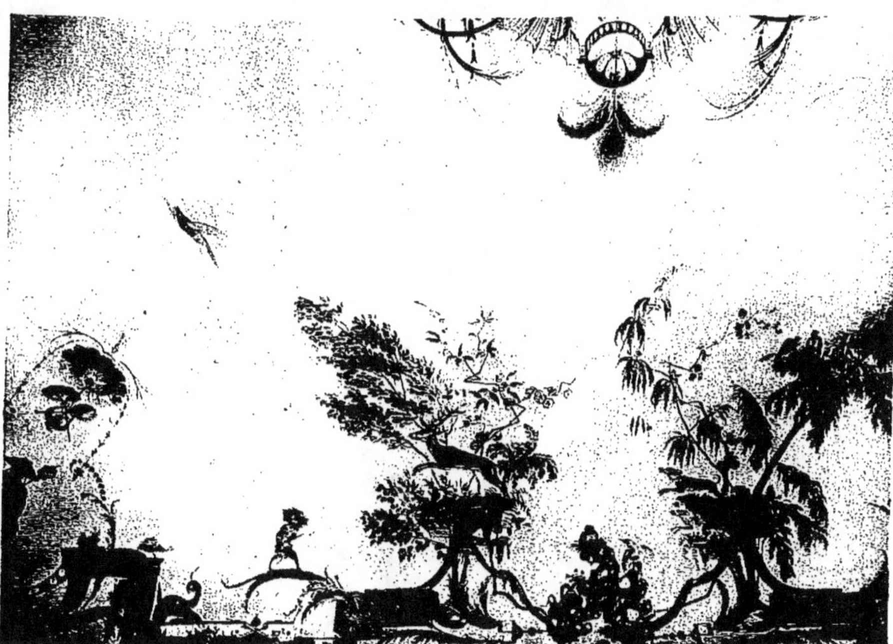

GRANDE SINGERIE — Plafond — (Détails)

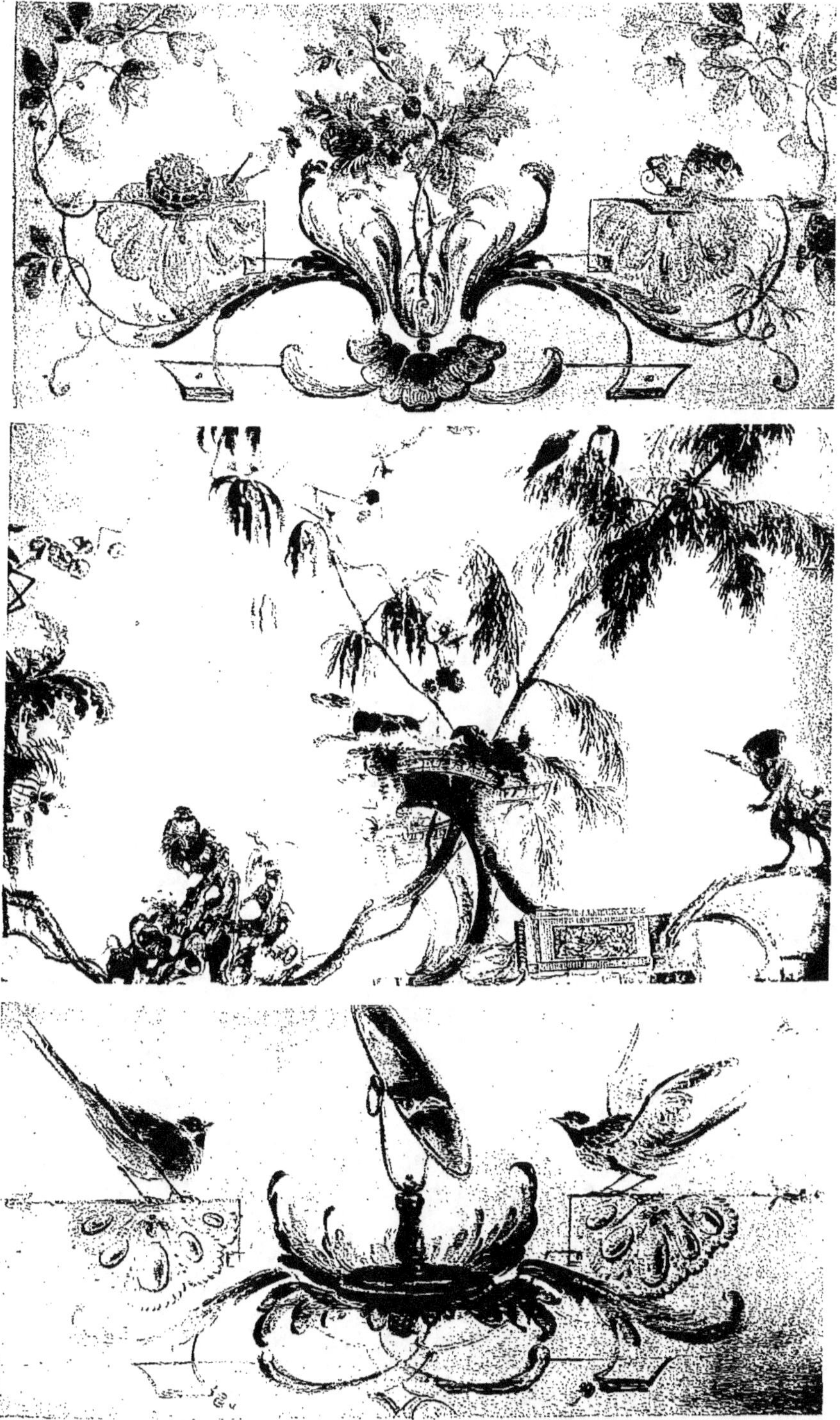

GRANDE SINGERIE — Plafond, Portes — (Détails)

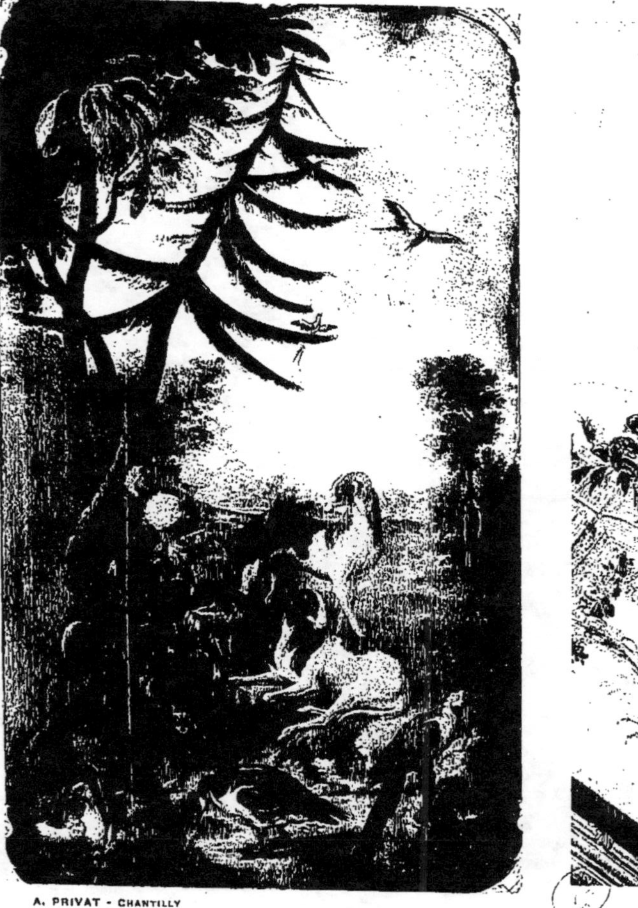

A. PRIVAT - CHANTILLY

CHAMBRE DE MONSIEUR LE PRINCE — (Panneau Décoratif)

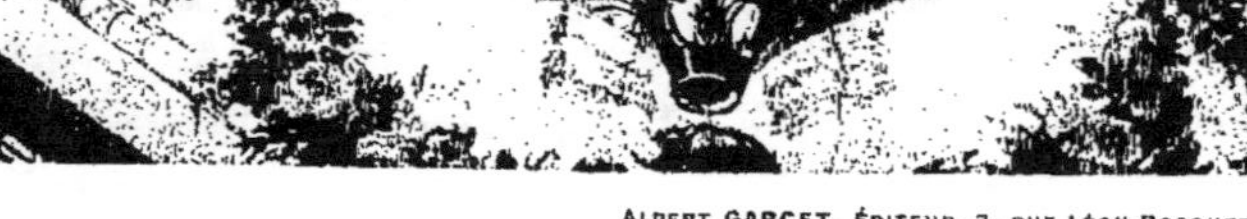
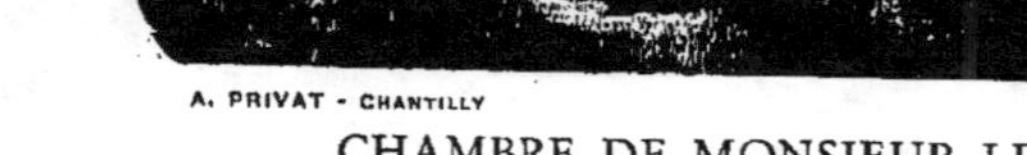

ALBERT GARCET, Éditeur, 3, rue Léon-Bocquet, Parc-St-Maur

GRANDE SINGERIE — Plafond — (Détail)

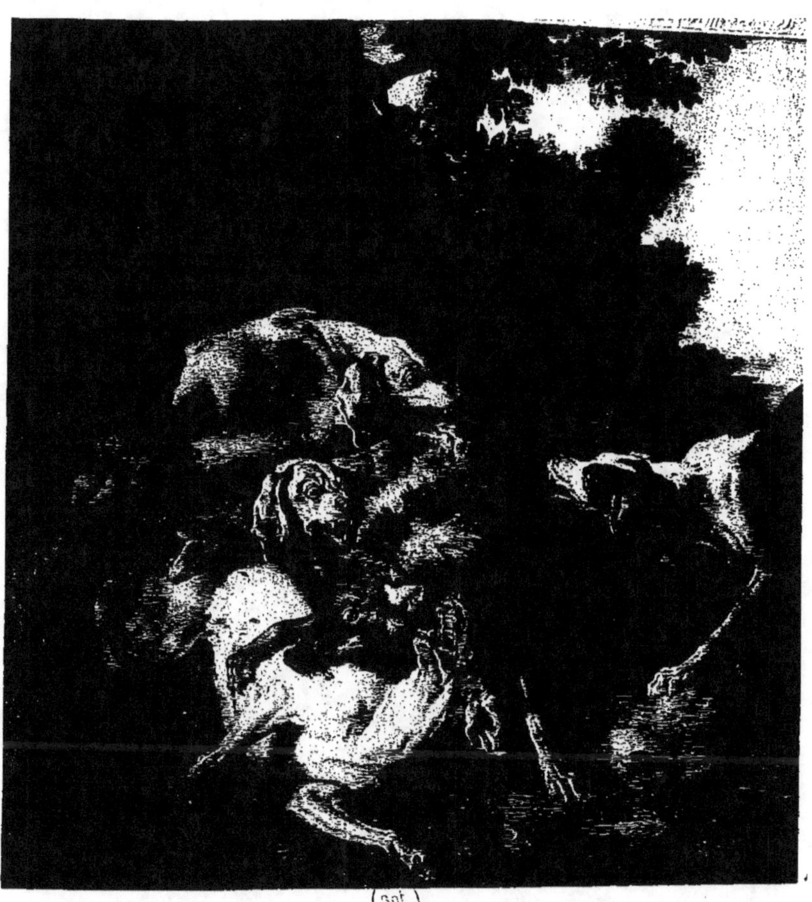

Oudry J.-B. — Chasse

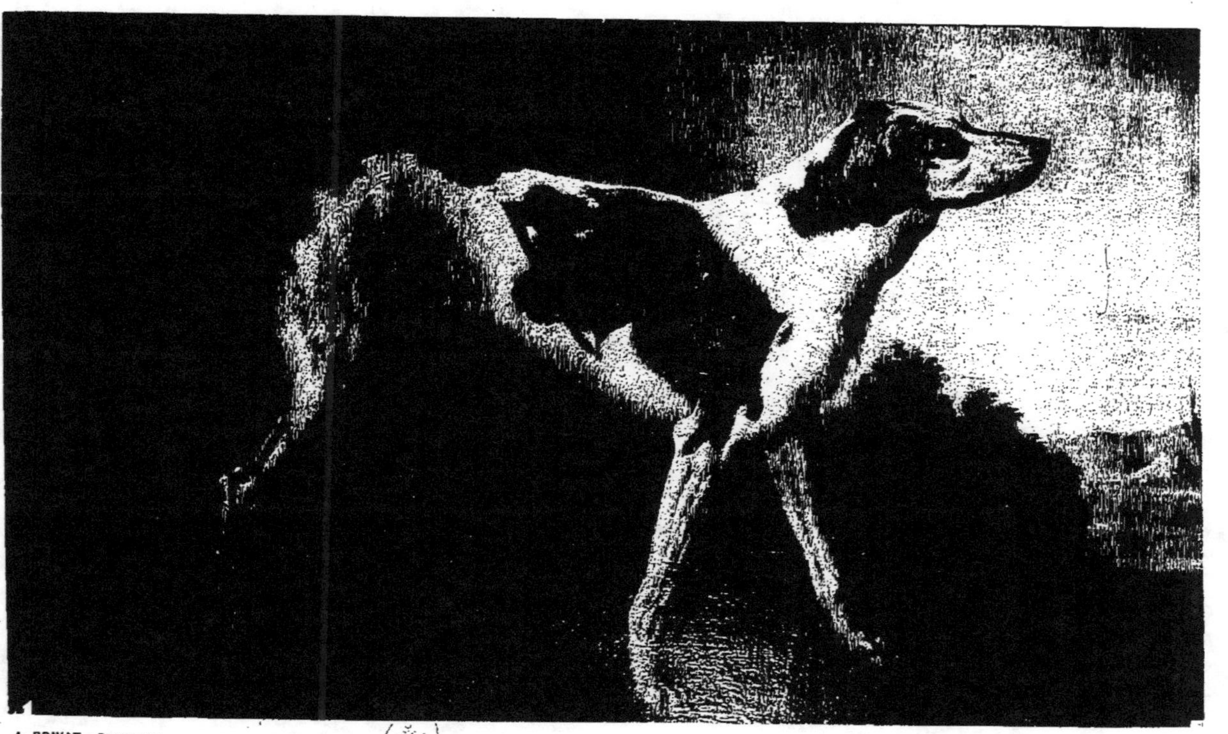

DESPORTES F. — (Chien)

SINGERIES

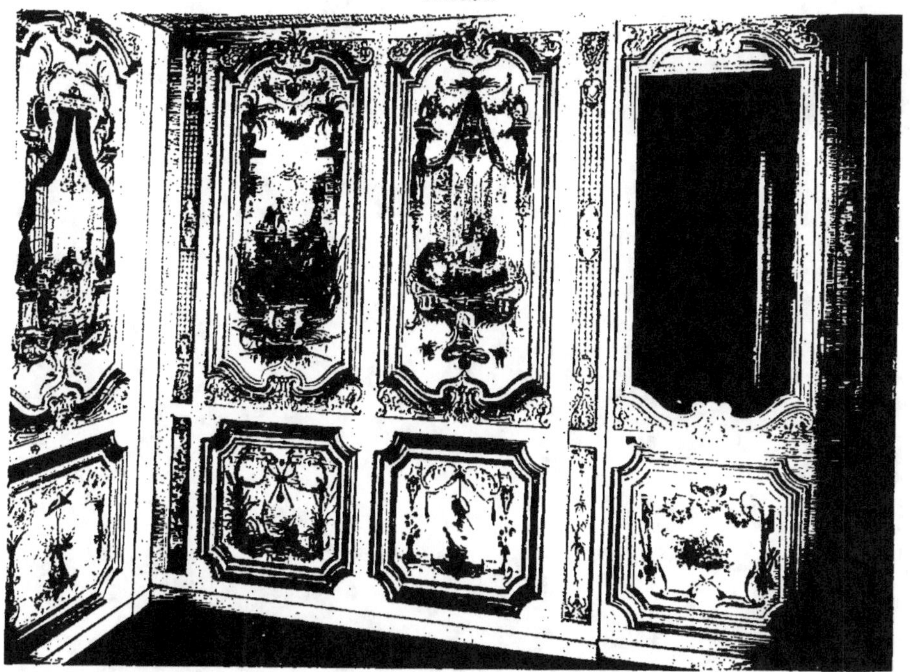

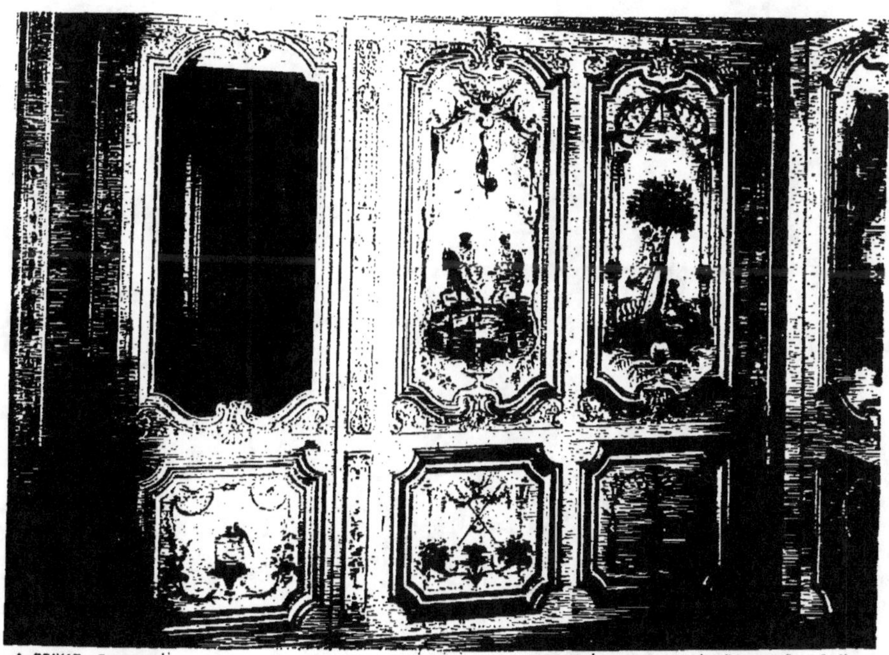

PETITE SINGERIE — (Ensembles)

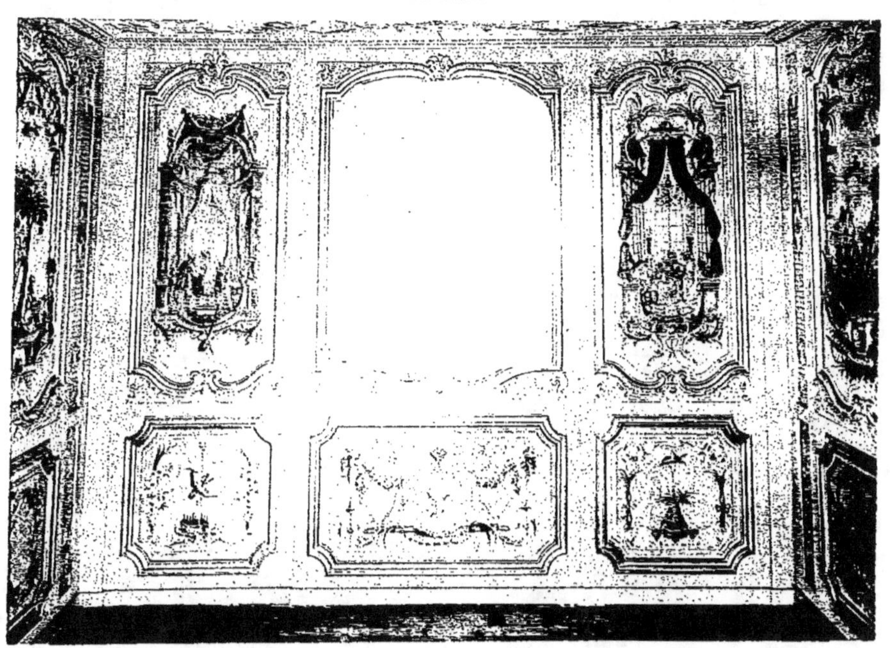

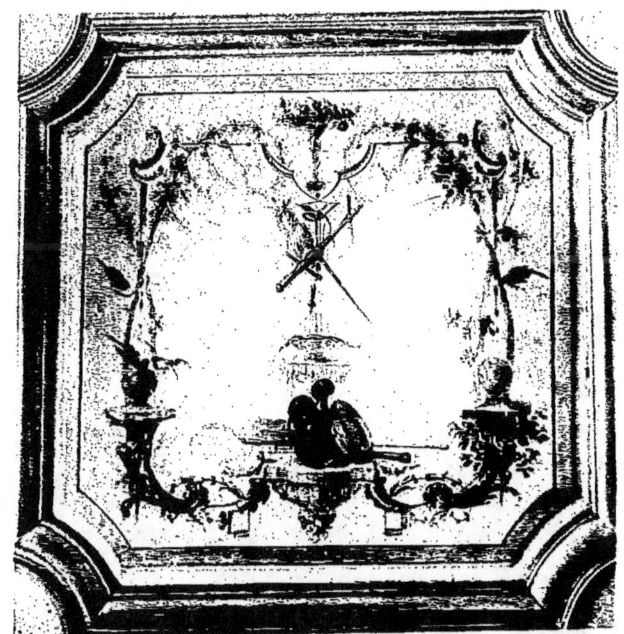

PETITE SINGERIE — (Ensemble et Détail)

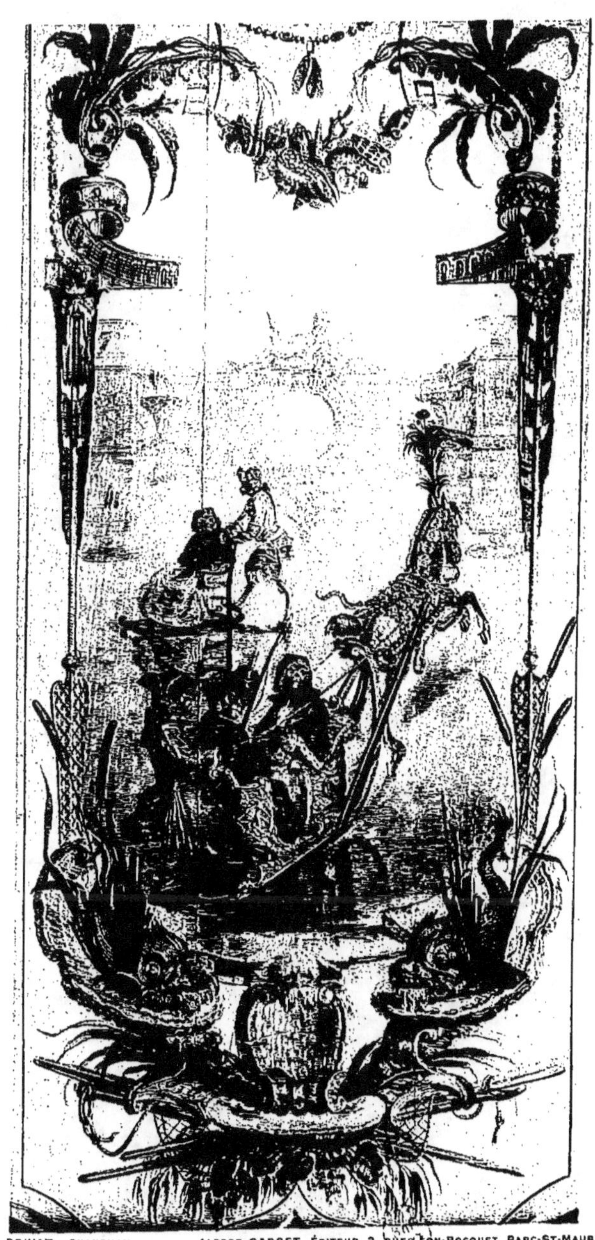

PETITE SINGERIE

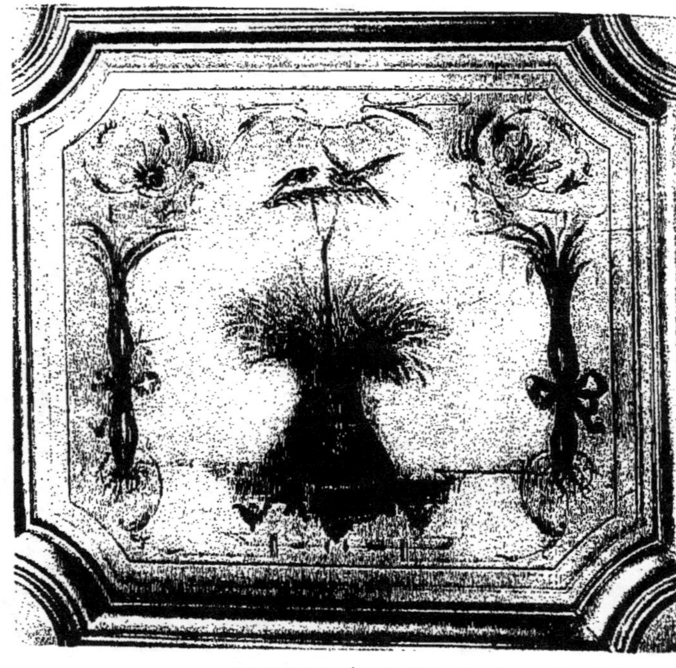

A. PRIVAT - CHANTILLY

ALBERT GARCET, ÉDITEUR. 3, RUE LÉON-BOCQUET, PARC-ST-MAUR

PETITE SINGERIE — (Détails)

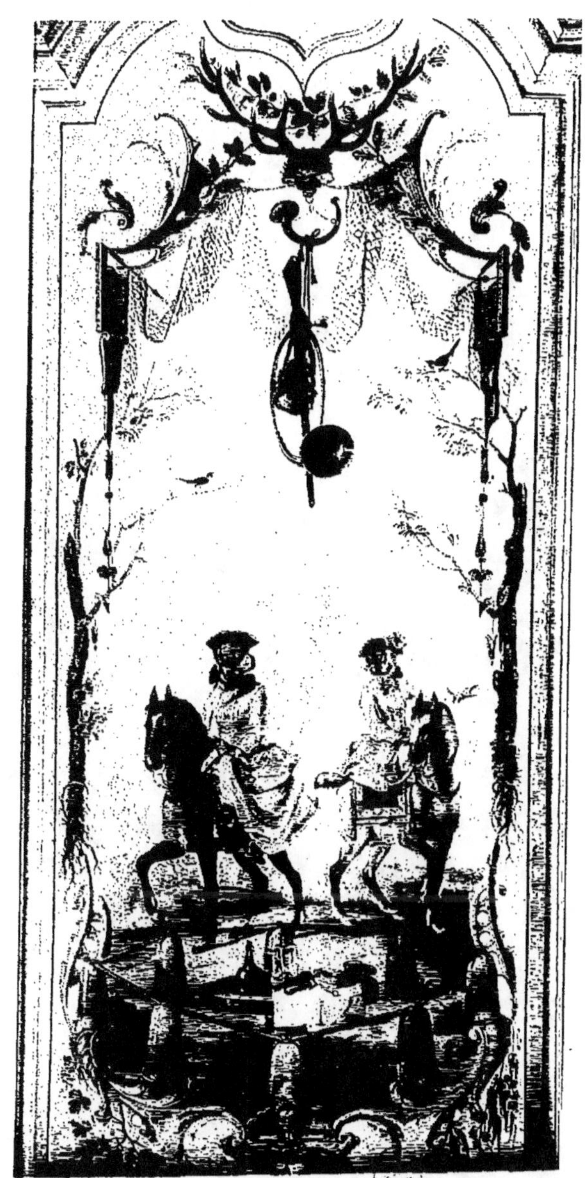

PETITE SINGERIE

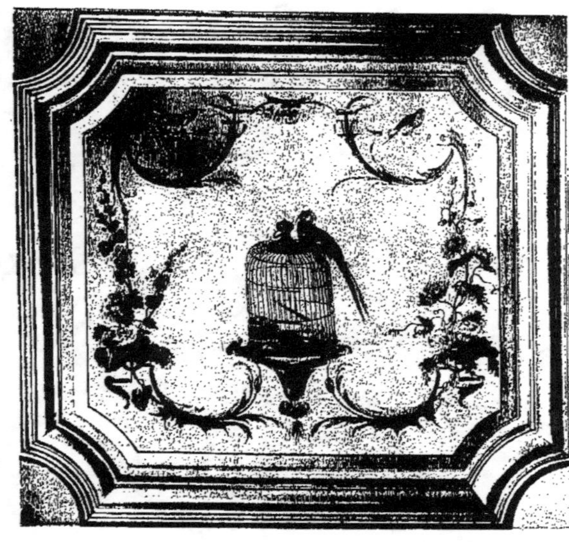

A. PRIVAT - Chantilly

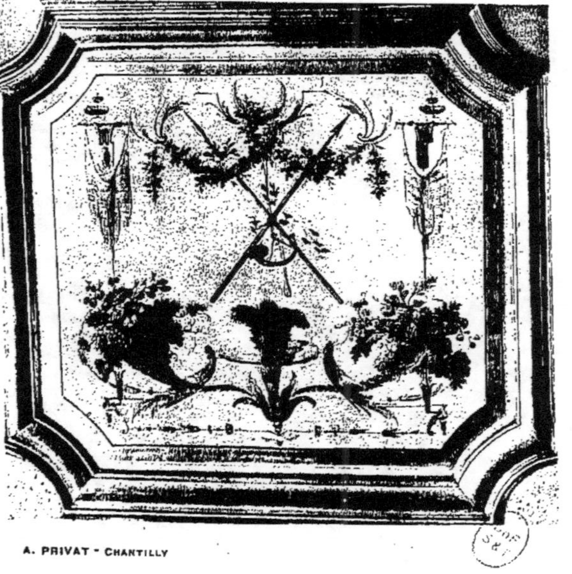

Albert Garcet, Éditeur, 3, rue Léon-Bocquet, Parc-St-Maur

PETITE SINGERIE — (Détails)

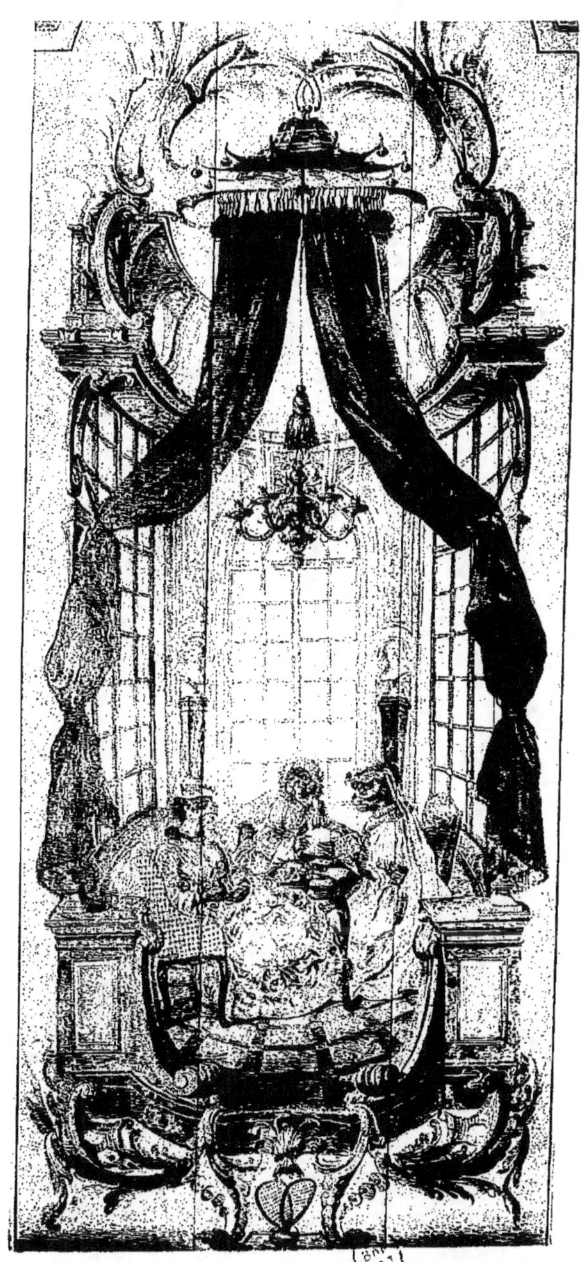

PETITE SINGERIE

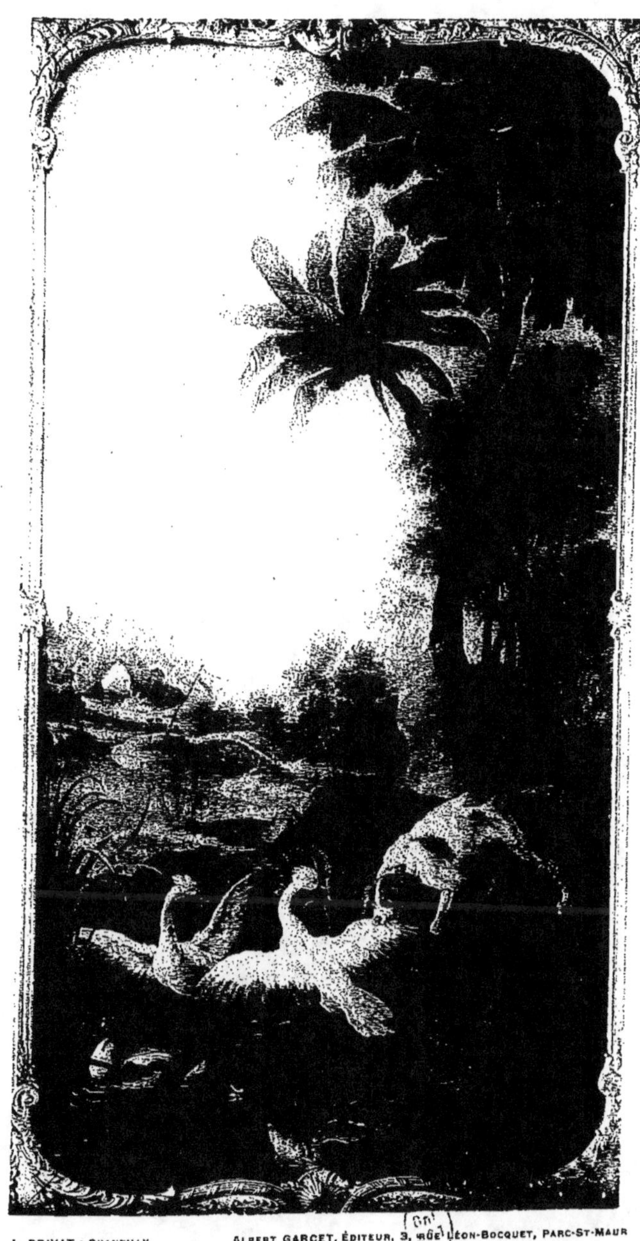

CHAMBRE DE MONSIEUR LE PRINCE — (Panneau Décoratif)

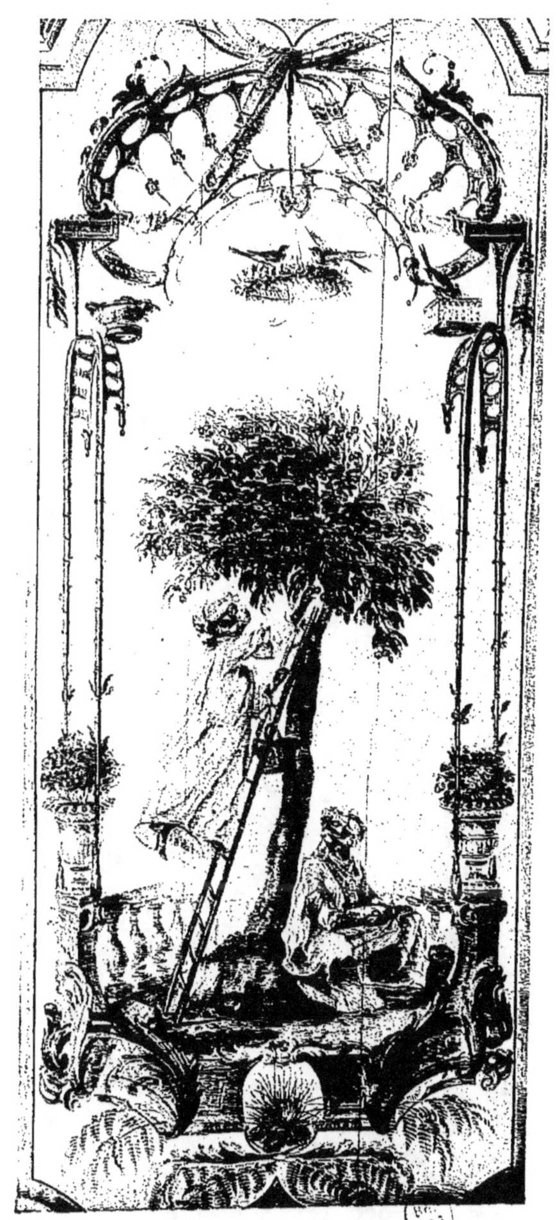

PETITE SINGERIE

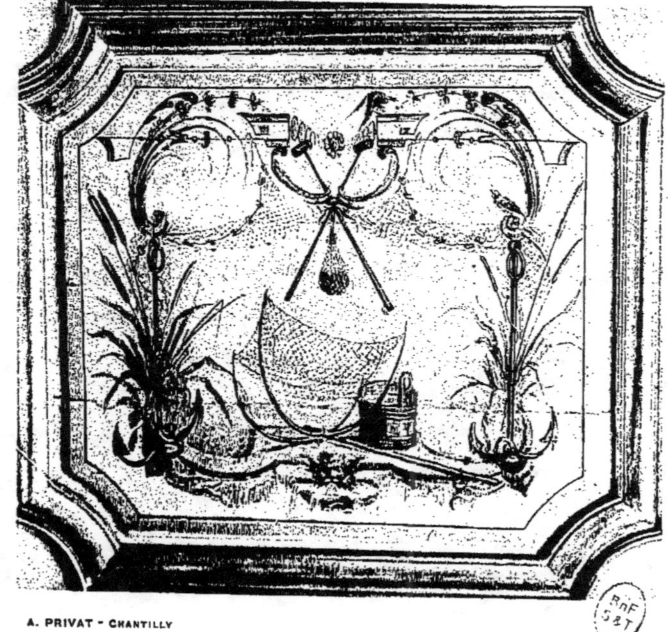

A. PRIVAT - CHANTILLY

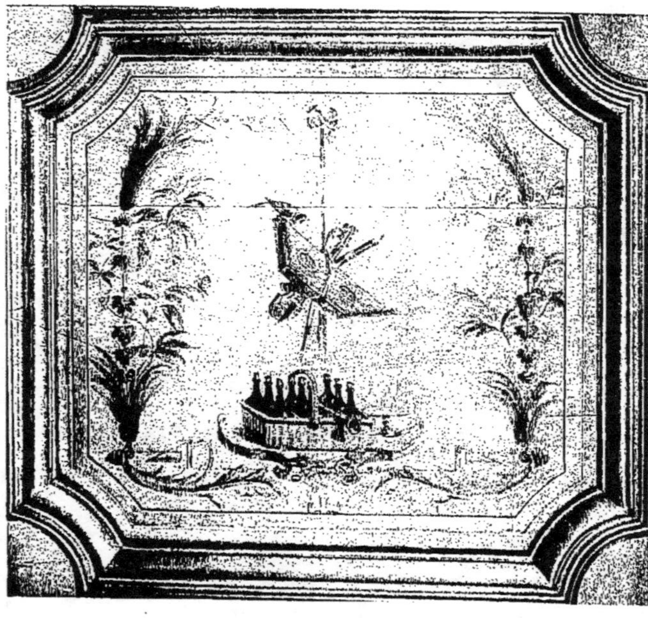

ALBERT GARCET, ÉDITEUR, 3, RUE LÉON-BOCQUET, PARC-ST-MAUR

PETITE SINGERIE — (Détails)

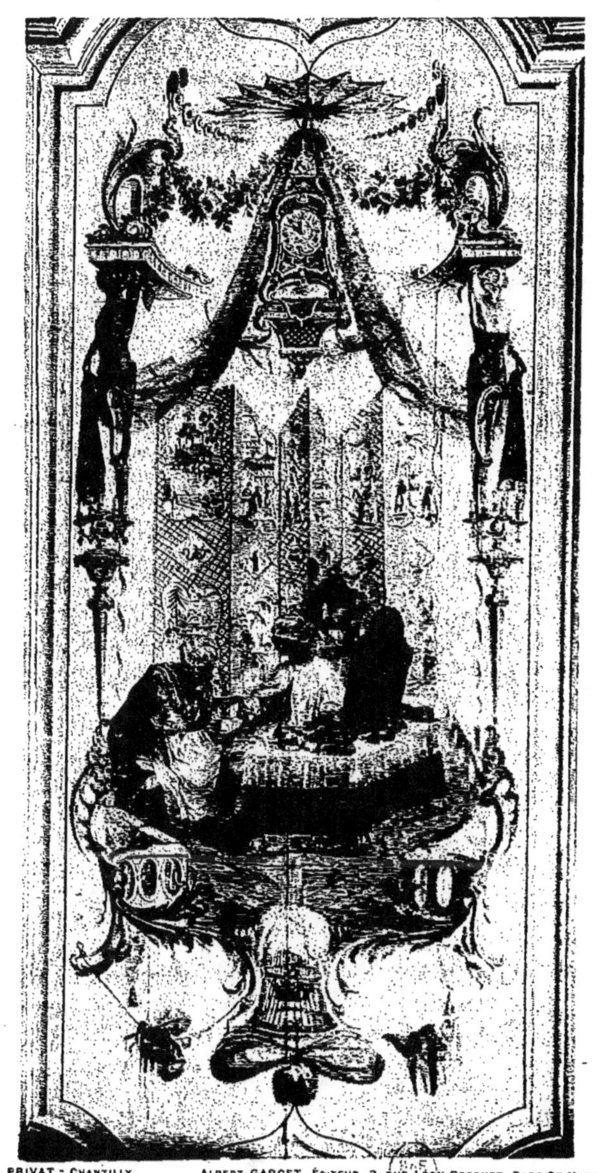

PETITE SINGERIE

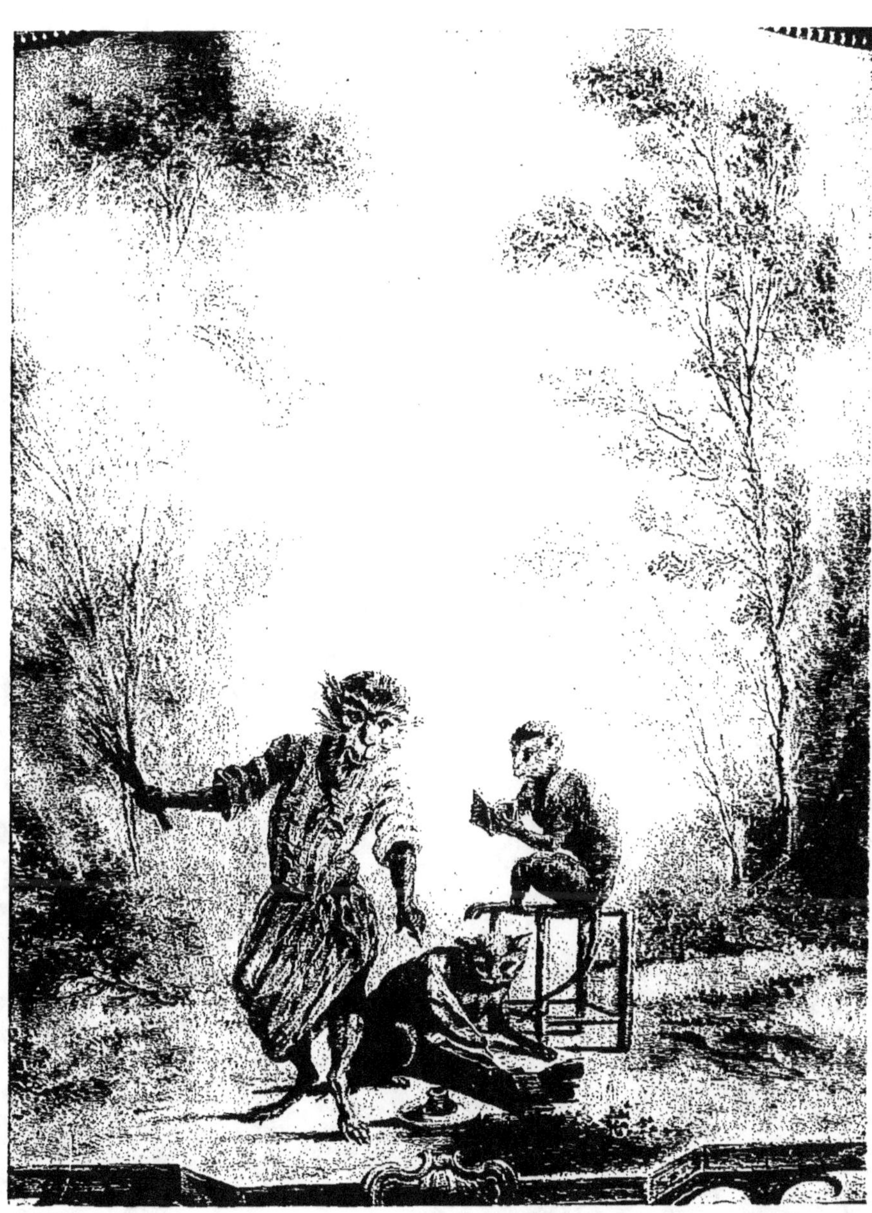

PARAVENT

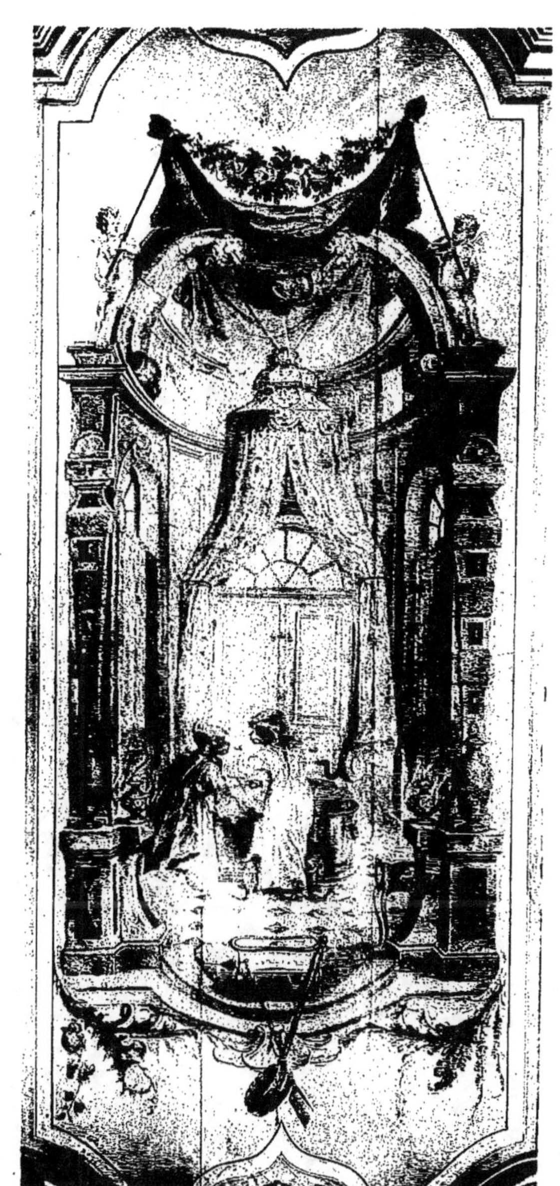

PETITE SINGERIE

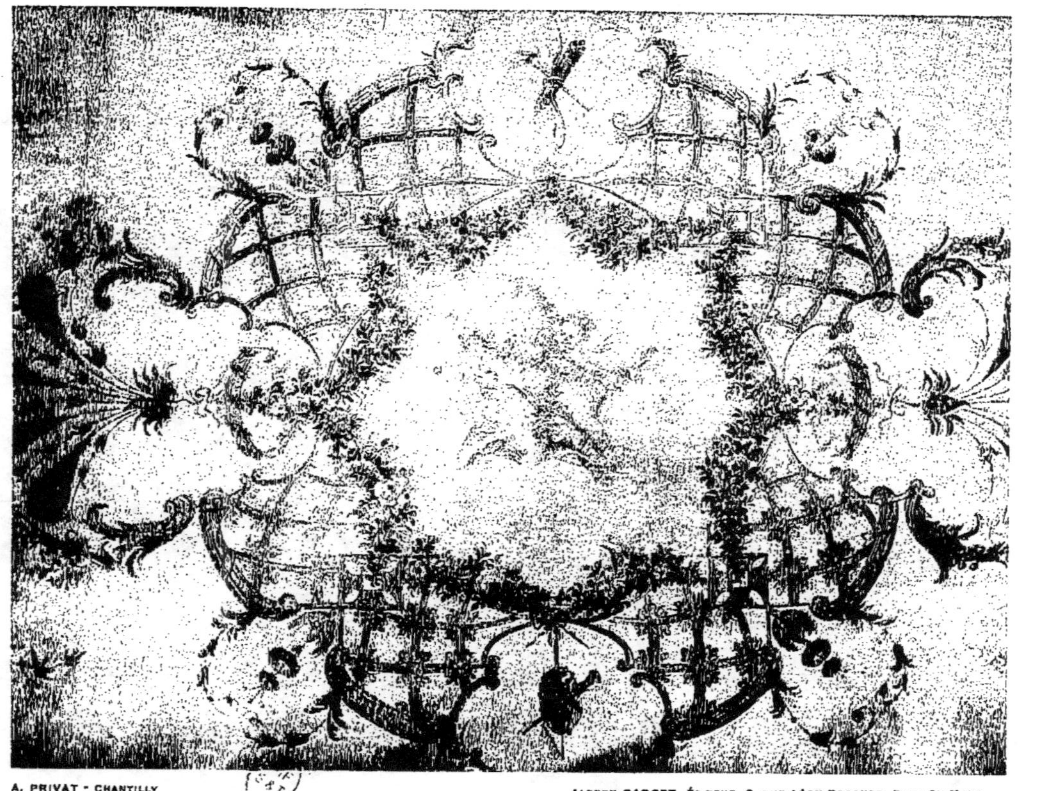

A. PRIVAT - CHANTILLY

ALBERT GARCET, ÉDITEUR, 3, RUE LÉON-BOCQUET, PARC-ST-MAUR

PETITE SINGERIE — Plafond — (Ensemble)

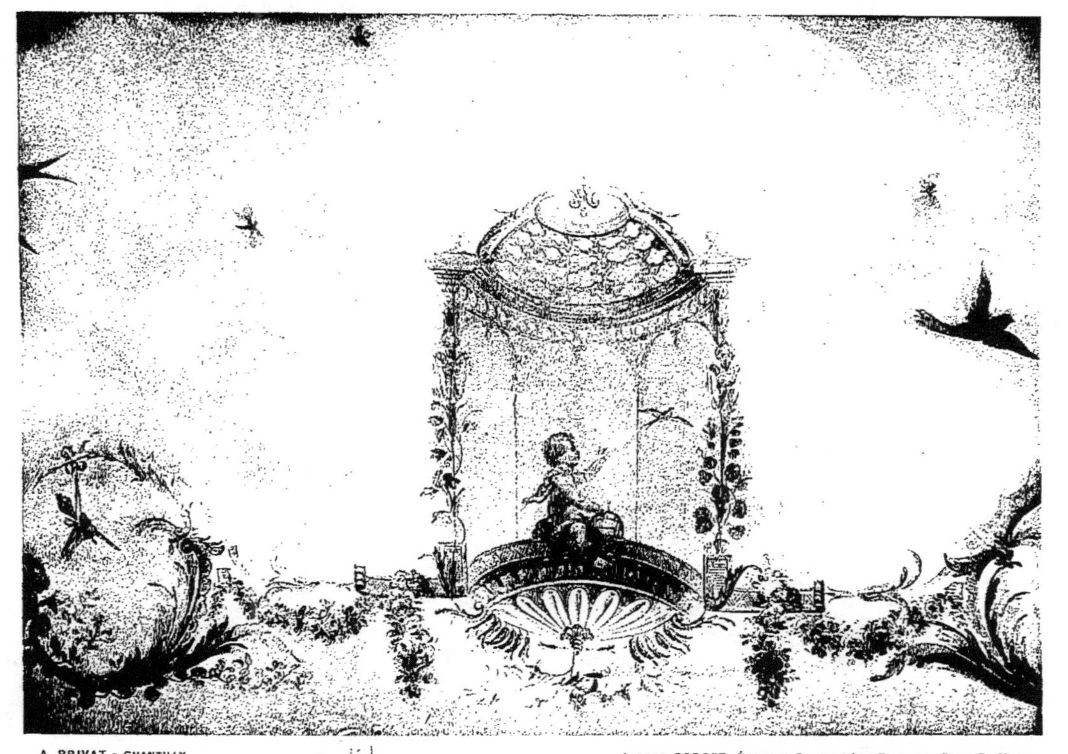

A. PRIVAT - CHANTILLY

ALBERT GARCET, ÉDITEUR, 3, RUE LÉON-BOCQUET, PARC-ST-MAUR

PETITE SINGERIE — Plafond — (Détail)

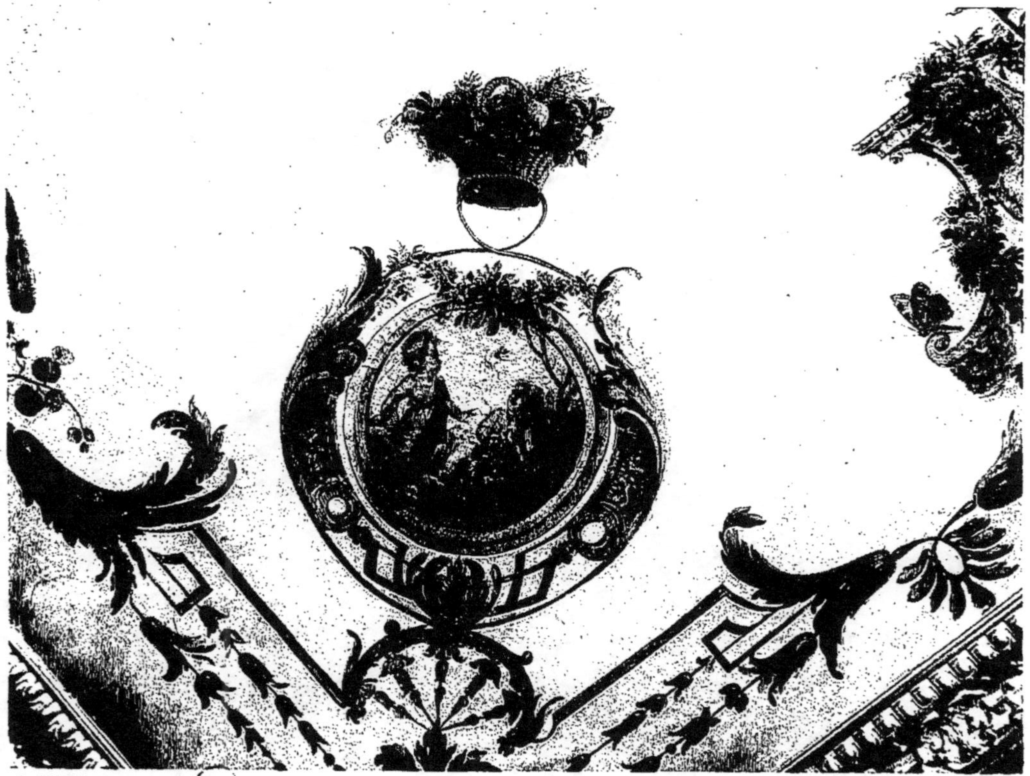

PETITE SINGERIE — Plafond — (Détail)

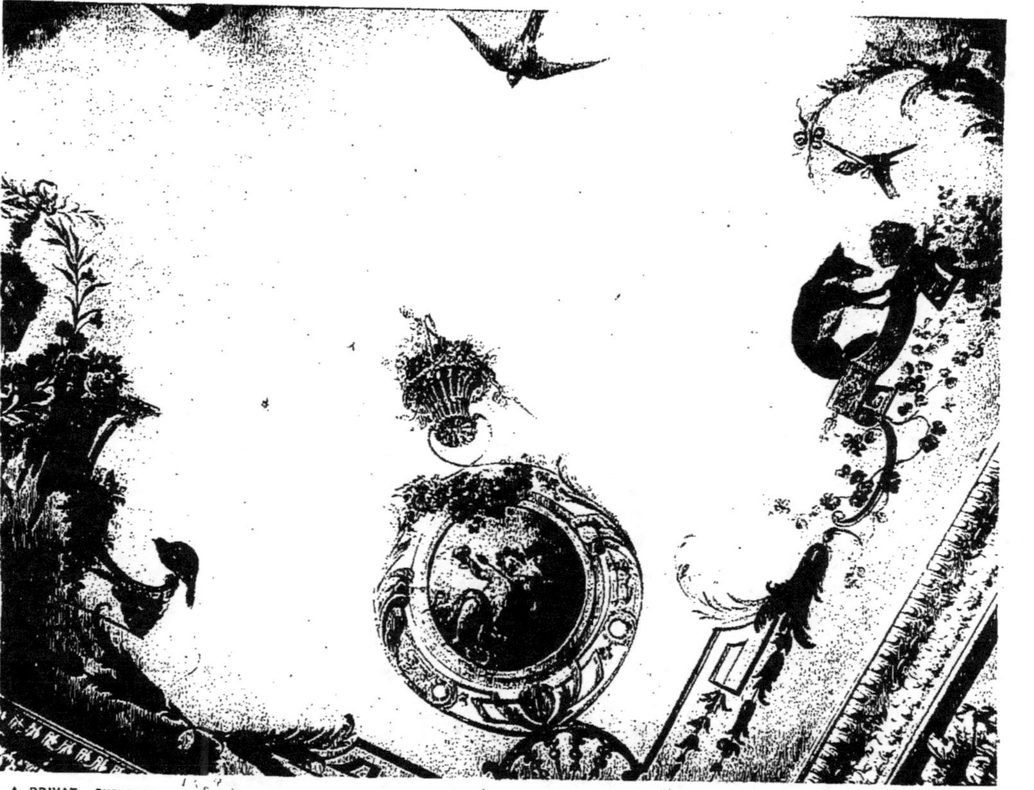

A. PRIVAT - CHANTILLY

ALBERT GARCET, Éditeur, 3, rue Léon-Bocquet, Parc-St-Maur

PETITE SINGERIE — Plafond — (Détail)

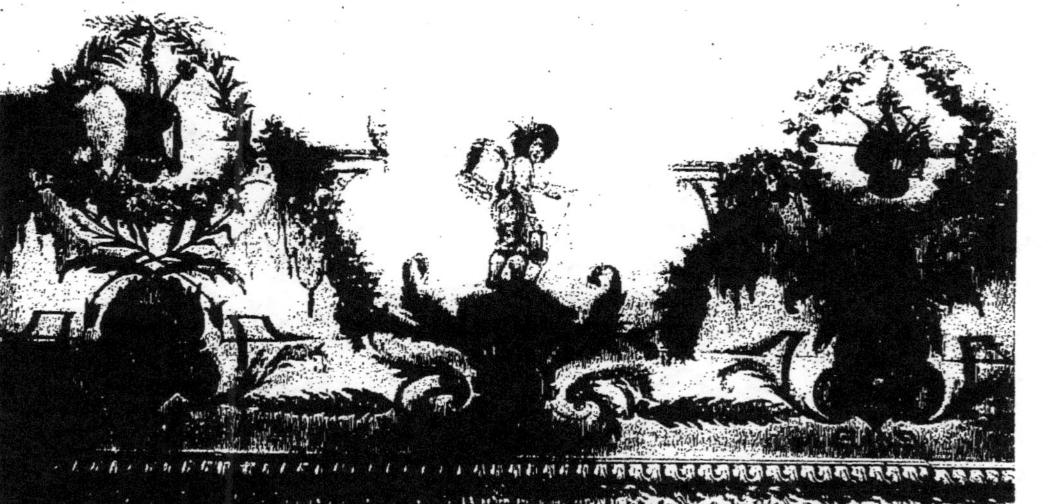

A. PRIVAT - CHANTILLY

ALBERT GARCET, ÉDITEUR. 3, RUE LÉON-BOCQUET, PARC-ST-MAUR

PETITE SINGERIE — Plafond — (Détail)

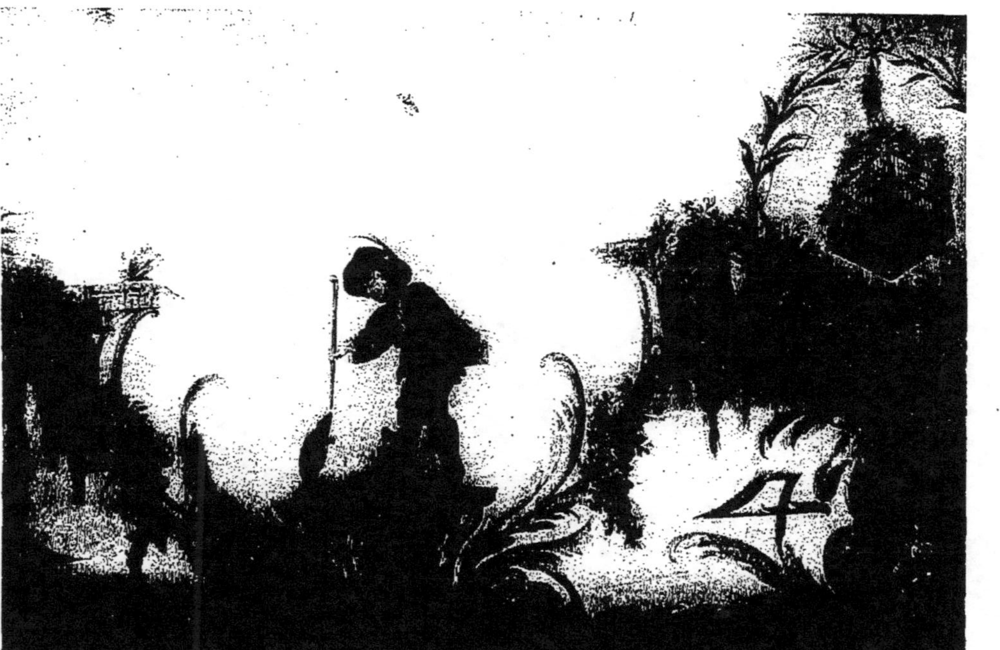

A. PRIVAT - CHANTILLY

Albert Garcet, Éditeur, 3, rue Léon-Bocquet, Parc-St-Maur

PETITE SINGERIE — Plafond — (Détail)

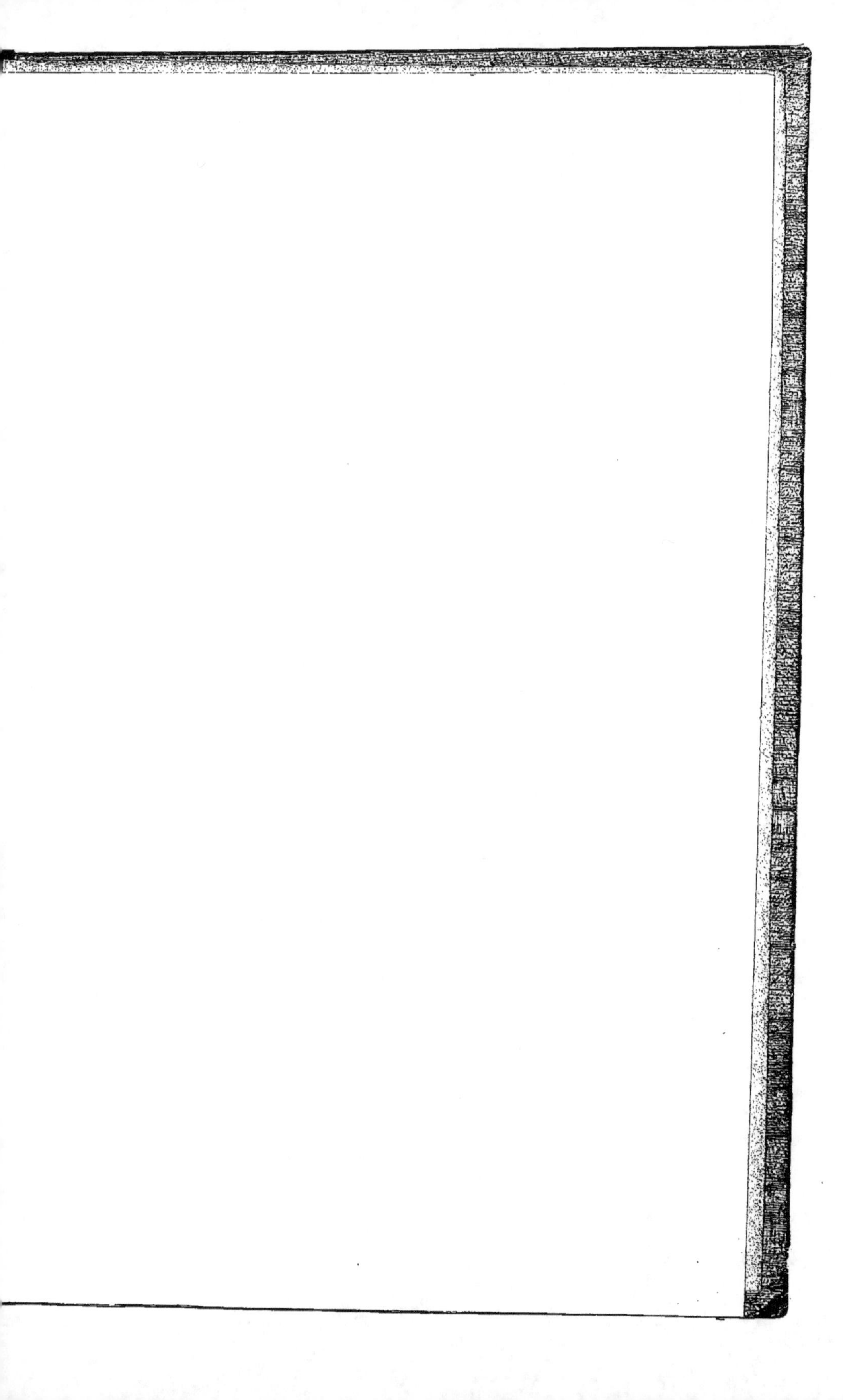